JN060924

クルーハウスの秘密

第一次世界大戦の英国プロパガンダ戦争の内幕

キャンベル・スチュアート 著

松田あぐり・小田切しん平 訳

緑風出版

ノースクリフ子爵に、感謝と敬愛を込めて

ノースクリフ卿

序文

戦争について書かれた本は、それこそ数限りなく存在するのだが、ここに新たな一冊を書き加えようとすることは、なかなかの勇気がなければできるものではない。しかし私がこの本を書くべきだと考えたのは、一九一八年に、わが英国が敵国に対して行った目覚ましいプロパガンダ戦争の物語であること、さらにそこには、ある意味で先駆的な歴史上の活動を記録しているからである。

平和に向けたさまざまな原則が確定されるまで、このような本の出版は、控えねばならなかった。これには、連合諸国の政府が困惑するような内容の文書を含む可能性もあったので、機会が熟す前の出版は不可能であったのだ。

しかし、もはやそのような懸念はないだろう。クルーハウスのプロパガンダ戦争に関するその組織、行動は、かつての世界大戦（**訳注**）中、そして平和を確立していく時期には、一般の人々に秘匿されね

訳注　世界大戦
この本が書かれた当時は第一次世界大戦と第二次世界大戦の間であり、まだ第一次世界大戦は「大戦」「大戦争」「欧州大戦」などとも呼ばれていた。

ばならなかったが、時の経過につれて、そのような必要も自ずとなくなったのである。

この一連の活動は、興味深く、また劇的なものが多く、今もなお決して公にされてはならないものでもある。さもなければ、あれほどまでに危険を犯してこれに携わってくれた数多くの人々が、なんらかの報復にさらされるかもしれないからである。

クルーハウスの活動は、その成果によって、人々の記憶に残っていくであろう。それは、ノースクリフ子爵（**訳注**）が指揮した、この組織に対する敵国ドイツからの評価にも、まごうことなく現れているのである。

訳注　ノースクリフ子爵（一八六五〜一九二二）

本名アルフレッド・ハームズワース。一九世紀末から二〇世紀初めの英国大衆ジャーナリズムを牽引した新聞人。『タイムズ』『デイリー・ミラー』などを発行。一九一四年当時、英国で発行される朝刊紙の四〇％、夕刊紙の四五％、日曜紙の一五％を支配していたという。首相ロイド・ジョージの世論操作に重要な役割を果たし、その功績によって爵位を授けられた「新聞貴族」の一人である。

第四章　対ドイツのプロパガンダ作戦　63

第五章　敵国ドイツからの賛辞　133

第六章　対ブルガリアのプロパガンダ作戦と他の活動　157

第七章　連合諸国の協力体制　169

第一章　プロパガンダ——その善用と悪用

プロパガンダの定義と公理

戦争においてプロパガンダが活用されるようになったのは、比較的近代のことである。確かに、先の大戦末期に行われたような発達したプロパガンダは、画期的で、また強力な武器だと言える。このようなプロパガンダ活動には、巧妙で熟練した、注意深い扱いが求められる。さもなくばその結果は、建設的なものとはならず、破壊的なものとなり、懐柔しようとする敵を、かえって遠ざけてしまうような結果をもたらしてしまう。

では、プロパガンダとはどのようなものであろうか？　それは、他人が影響を受けるような形で、事実を述べることをいう。敵に対してプロパガンダを仕掛ける際には、その内容は自明のもので、プロパガンダであると思われてはならない。特殊な状況の場合は別として、その情報源は完全に隠されていなければならない。原則として、情報がどのように伝わったかという経路を秘匿することが望ましい。

我が国にとって好都合な「雰囲気」を醸し出すことは、プロパガンダの第一歩である。敵国内にこのような雰囲気を作り出すには、まず軍事行動で敵軍を圧倒し、またプロパガンダ活動で我が味方の力を知らしめ、さらに進んで敵国内に政治的な不満を生じさせねばならない。

近代戦では、敵の軍人と銃後の一般国民は等しく重要な存在である。そして開戦時の軍人や国民の精神状態は当然ながら、敵側に反発して、影響を受けない。そこから、敵対する側への受容的な「雰囲気」を作り出すために、プロパガンダの継続は不可欠である。そこから考えれば、正しいプロパガンダの方針とは、敵国の政治的、軍事的、経済的な状況とその動向、さらに敵側の心理までも十分に知り、これらの包括的な認識に基づくものでなければならない。

政治的、政策的な方針が確定する前に、プロパガンダ作戦を実行してはならない。プロパガンダの第一の公理は、事実のみに基づくものでなければならない。第二の公理は、プロパガンダに関わる各機関の緊密な協力体制と、決定した方針を厳密に守ること、そして矛盾する内容があってはならない、ということである。この二つの公理に背く、たった一つの過ちが、取り返しのつかない失敗となるかもしれない。

このような鉄則への注意を怠ったがために、極めて活発に行われたドイツ側のプロパガンダ活動は失敗に終わった。戦争が短期で終わるという誤った想定のもとで、彼らは真実でないこと、半分しか真実でないことを述べるという過ちを犯した。もちろん、これらは一時的な効果をもたらした。しかし戦争が長引くにつれて、偽りの説明は矛盾を生み、ドイツ帝国側の役には立たず、取り返しのつかない損害を出してしまった。

さらに彼らはその後も、歪んだ説明について、相互の調整さえ行わなかった。ドイツのプロパガンダに詳しい、とある英国人の権威は、ドイツの戦時プロパガンダは混沌としてばらばらな意見を述べただけだったと語っている。

権威あるドイツの大学教授ランプレヒト博士（**訳注**）は、一九一四年の終わり頃に行った講義の中で大いに嘆いていた。当時のドイツ人は大戦での勝利を確信していたが、「戦争が始まると、いやしくも文章が書けるような人は誰でも、最も大きな羽ペンを手にして、外国にいる友人たちに手紙を書き送っている。その内容は、ドイツ人がいかに優秀であるかを外国人は知りもせず、その結果ドイツ人に対して失礼な行動をとっていることが多い、と書いたのであった。このような手紙は、結果として驚愕卒倒するような効果を生じたのである」

「このような人々のなかで、最も認識が足りなかったのは大学教授だったと告白しなければならない」と彼は付け加えた。

その結果は恐るべきものとなった。敵側のいかなるプロパガンダ努力よりドイツにとって有害となったのである。しかし彼らは自国のためになることをやっているつもりだった。彼らは多大な自信を持ってはいたが、認識不足だった。彼らは、ドイツの戦争目的を、前もって準備せずとも、説明できると思っていた。本当に必要だったのは、そのための組織であった。

訳注　ランプレヒト博士
カール・ランプレヒト（一八五六～一九一五）ドイツの歴史家。ボン大学、マールブルク大学、ライプツィヒ大学で教え、ライプツィヒ大学の総長も務めた。

連合国側のプロパガンダの方法や内容を述べる前に、ドイツのプロパガンダ全般を考察するのは興味深いことだろう。大戦の初期では、ドイツは自らの戦勝を声高らかに宣言していた。やがて戦局の進行がこういった言葉を怪しくし、プロパガンダの趣旨が変質してきた。連合国軍は勝利できないだろうという認識に時間がかかるならば、彼らの苦悩と損失は増えるばかりだと主張し始めたのだ。

そして連合諸国の間に不協和音を起こそうと、努め始めた。英国は、連合国としての責任分担が少ない、英国はベルギーとフランス北部を自国のものにしようとしている、英国は、フランスとロシアを自国の利己的な利益のために利用している、そして、バルカン諸国の利害はお互いに相容れない、と。

こういった内容は、ドイツによる馬鹿馬鹿しい欺瞞であった。これらは成功することなく、連合諸国の間に不信を起こそうとする企てもまた失敗に終わった。アイルランド、南アフリカ、インド、エジプト、アラブ諸国に向けて、英国は自国の利益のために、これらの国々を利用している、またフランスはアルジェリアを同じように利用している、と宣伝した。またドイツは連合諸国の国民の間に、平和主義を吹き込もうとする努力を惜しまなかった。

ルーデンドルフ将軍の悲嘆と賛辞

このようなプロパガンダの不成功は、ドイツ人自身にさえも明らかになった。戦局が進むにつれ、ドイツの政府機関や報道機関は沈黙しはじめ、それまで自分たちが行ってきたプロパガンダが悪い結果を生じていると気づき始めた。ドイツ軍の指導者たちは、英国のプロパガンダが優秀で、また有効であることを心配し始めたのである。ドイツの兵士たちや記者たちも、十分な組織的対抗活動を行うドイツ側の組織がないことに激しい不満を表していた。

ルーデンドルフ将軍（**訳注**）は、彼の著書『わが戦争の記憶』で、ドイツ側の努力が実を結ばなかったことを嘆いている。彼はこう書いている。「ドイツのプロパガンダは、困難な中で進められた。我々のあらゆる努力にもかかわらず、果たすべき任務の重要度にくらべて、その効果は十分ではなかった。敵国民に対して、何ら効果のある影響を与えることができなかったのである」。

彼はまた、戦場でもプロパガンダの効果を上げられなかったと認めている。彼は、東部戦線でロシア軍が自滅したのは、彼ら自身のせいで、ドイツ軍は何の影響も与えていなかった、と言う。また西部戦線でも「前線の敵軍兵士たちは、本国での国内世論の影響を少しも受けていなかった。そのためドイツのプロパガンダは不成功に終わってしまった」と書いている。

彼はドイツ帝国首相に対して、「明らかにプロパガンダ省の設立が絶対に必要であるから強力な組織を新設すべしと強く進言した。連合国側のプロパガンダに対抗するためには、政府の一部門として特別な権限を与えられねばならない、と信じていたからである」と自著に記している。

訳注　ルーデンドルフ将軍
エーリヒ・ルーデンドルフ（一八六五〜一九三七）ドイツの軍人、政治家。第一次世界大戦でヒンデンブルク元帥を補佐し、「ルーデンドルフ独裁」とも呼ばれる強大な実権を握った。戦後はヒトラーと結び、一九二三年にミュンヘン一揆を起こす。一九二五年にヒトラーと袂を分かち、晩年は陰謀論的な著述活動や宗教活動に向かう。一九三六年に「総力戦」を出版する。

「一九一八年八月、ようやくそのようなプロパガンダ組織設立の優柔不断な第一歩が踏み出された。まずまずの組織が設立されたのだ。だが、時すでに遅しであった。このような状況下で、ドイツとオーストリア＝ハンガリー両国の間で、統一の取れたプロパガンダの実行は不可能であった。ドイツ軍は自国によるプロパガンダと協働することはなかった。ドイツ軍が戦場で勝利しても、ドイツは敵国民の士気を挫くことはできなかった」。

ルーデンドルフの弁明を記した彼の著書によれば、彼はプロパガンダ作戦の遂行に必要な諸原則を理解していた。彼が自分の理論の正しさを知っていたのは、せめてもの慰めである。なぜなら、クルーハウスを本部とした有名な集中キャンペーンの根本となったノースクリフ子爵の原則と大筋では一致しているからである。ルーデンドルフほどプロパガンダの基本原則を把握していたドイツ人は他に見当たらない。理論的な原則が、行動の結果を判断する非常に優れた機会となったのだ。ルーデンドルフの評価は、本書の他の章に抜粋している彼の文章に如実に現れていることからも、明白であろう。

これに至る成功が、いかにして成し遂げられたかを描くのが、本書の目的なのである。

第二章　クルーハウス——その組織とメンバー

ノースクリフ子爵の任命

一九一八年二月に、ノースクリフ子爵は、敵国へのプロパガンダ作戦の責任者として、英国首相、ロイド・ジョージ氏（訳注）よって任命された。実はノースクリフ卿は、ほんの数週間前にアメリカでの任務を完了したところであった。その任務とは、食糧や軍需品を調達し、また他の重要な任務を担っていた英国の諸機関を監督し、調整を行うものだった。

彼は英国へ戻るに際し、内閣入りを辞退して、アメリカ合衆国における英国戦時特命機関のロンドン

訳注　ロイド・ジョージ

デヴィッド・ロイド・ジョージ（一八六三〜一九四五）英国の政治家。自由党急進派に属し、蔵相として実績を挙げ、第一次世界大戦ではアスキス連立内閣で軍需相、一九一六年から一九二二年に挙国一致内閣の首相を務めた。一九世紀の貴族的支配から二〇世紀の大衆民主主義へと移行した時代を代表する政治家であった

本部の代表に就任した。彼は、この新たな任務の重責にもかかわらず、それまでの対米機関との関係をそのまま維持していたのだった。

ノースクリフ卿という名前それ自体が、すでに敵国におけるプロパガンダとしての価値を持っていたのである。彼は大戦が勃発する前に、ドイツ軍国主義が戦争への準備を行っている意味を、英国国民に対し、賢明にまた粘り強く知らせようとした。ドイツ人たちはこれを良く知っていたのである。

彼がこの仕事に任命されると、ドイツの報道機関は彼自身とその仕事を何度も取り上げた。彼らの攻撃の激しさは、同時に彼らの大いなる懸念を示すものだった。

外国の、特に敵国を対象としたプロパガンダ戦を組織して指揮するには、敵国の政治に精通し、敵国民の心理をよく理解し、事実を明快に、また強力に提示する技術の専門家としての技量を持つ人物が求められる。こういった仕事は非常に特殊な性格を帯びている。この仕事は、敵側に将来への希望が全く望めないことを、連合諸国の勝利が必然であることを、明確に示すことだった。

そのためには、確固たる方針と徹底した努力が必要だった。しかし、敵国にプロパガンダを深く浸透させることは、その方針の決定や、状況や事実を示すことと同じように、困難なものであった。

顧問委員会の設立

ノースクリフ卿は、敵国の人々を教育し啓発する目的を持った組織的な作戦を行うため、また可能な限り広い知識を得るために、有能な実務家や新聞関係者などで構成された委員会の熱心な協力を得ることができた。それぞれのメンバーはいずれも社会に大きく貢献する事業に携わり、功績を挙げた人々で、この仕事に対する彼らの協力は非常に重要だった。

ノースクリフ卿は、私、キャンベル・スチュアートを、この機関の次長、そして委員会の副委員長に任命した。

委員会のメンバーは以下の通りである。

デンビー伯爵、陸軍大佐・ロイヤル・ヴィクトリア勲章コマンダー
ロバート・ドナルド氏、当時デイリー・クロニクル紙の編集長
ロデリック・ジョーンズ卿、大英帝国ナイト、ロイター通信の専務取締役
シドニー・ロー卿
チャールズ・ニコルソン卿、第一準男爵、国会議員
ジェームズ・オグレイディ氏、国会議員
H.ウィッカム・スティード氏、ロンドン・タイムズ紙の外信部主筆、後に編集長
H.G.ウェルズ氏
書記として、
H.K.ハドソン氏、大英帝国勲章コマンダー

これは、広範な知識と多方面にわたる才能、功績あるジャーナリストや一流の作家を集めた顧問委員

ロデリック・ジョーンズ卿

デンビー伯爵

シドニー・ロー卿

ロバート・ドナルド氏

H. ウィッカム・スティード氏

チャールズ・ニコルソン卿

H. G. ウェルズ氏

ジェームズ・オグレイディ氏

クルーハウス

会であった。二週間に一度会議が開かれ、各部門が活動の進捗状態を報告し、またこれからの活動予定を提出して承認を求めた。

この活動の本部は、クルー侯爵の邸宅であるクルーハウスに置かれた。クルー侯爵は社会貢献の精神にあふれた人物で、自分の邸宅を戦争目的のために、英国政府に提供したのである。

クルーハウスの組織と活動

この機関は二つの主要な部門があった。まずプロパガンダ資料の制作局、もうひとつは配布流通局である。制作局は、ドイツ部、オーストリア・ハンガリー部、ブルガリア部に分かれていた。

次の章で説明するような理由から、活動を最初に始めたのはオーストリア・ハンガリー部だった。H.ウィッカム・スティード氏とR.W.セトン－ワトソン博士が協力して、この部門の共同責任者を務めた。称賛されるべきは彼らの任命であろう。H.ウィッカム・スティード氏は、『ザ・タイムズ』紙の外信部の記者を務め、『ハプスブルク君主制』という本を著し、一九〇二年から一九一三年まで『ザ・タイムズ』紙のウィーン特派員として、オーストリア・ハンガリー二重帝国の国情や国民性に関する、詳細で信頼できる知識を持っていた。

R.W.セトン-ワトソン博士も、このオーストリア・ハンガリーの、またバルカン諸国の歴史や政治の権威であり、何年も献身的に研究を続けてきた人物だった。

オーストリア・ハンガリーに対するプロパガンダの方針を決定した後、ノースクリフ卿は、スティード氏とセトン・ワトソン博士の両名に、イタリアに対する重要な任務を託した。これがオーストリア・ハンガリー二重帝国に対するプロパガンダ戦の嚆矢となり、やがては遠大で顕著な意味合いを持つものとなった。

R.W.セトン-ワトソン博士

この任務の一環として、両氏は歴史上有名な「ハプスブルク支配下で迫害されている諸民族のローマ会議」に出席した。そしてオーストリア・ハンガリーへのプロパガンダ戦を遂行した連合諸国間委員会の設立に大きな役割を果たしたのである。

それに従い、このプロパガンダ戦はハプスブルク家の支配下で迫害されている多くの民族、つま

ビーバーブルック卿

ハミルトン・ファイフ氏

りポーランド、チェコスロヴァキア、南方スラブ、ルーマニアの各組織と密接な連携を維持していく必要が生じた。そして一九一八年を通じて、連合諸国と同じように、これらの人々自体に対しても相互に目覚ましい貢献をもたらしたのである。

ドイツに対する作戦が始まった時、H.G.ウェルズ氏は、ノースクリフ卿からの任命を受けて、ドイツ部の責任者を引き受けた。ウェルズ氏は、プロパガンダの視点からドイツに影響を及ぼす状況について徹底的な調査を行った。それはJ.W.ヘッドラム・モーレー博士の協力のもとに行われた。この結果書かれたウェルズ氏の覚書（本書第四章に掲載）は、非常に重要で、まさに一読に値するものである。

一九一八年七月に、ウェルズ氏がドイツ部の責任者を続けられなくなった時には、（委員会のメンバーとしては留任していた）、彼の後を継いだ著名なジャーナリスト、ハミルトン・ファイフ氏のために、貴重で活用可能な情報をすでに大量に収集していた。そしてファイフ氏と、ドイツ部の同僚たちは大戦最後の三カ月間に「集中的な」プロパガンダ活動を決行したのだった。

その他の業務は、オスマン・トルコとブルガリアに対するものだった。ノースクリフ卿とビーバーブルック卿（訳注）との調整により、オスマン・トルコへのプロパガンダは、カンリフ・オーウェン氏（現在のヒューゴ卿）が率いる情報省の近東部が実行した。この体制は、効率上からも経済的にも明らかに賢明であった。しかしブルガリアへのプロパガンダは、クルーハウスが主導した。

プロパガンダ用印刷物の制作と配布は、二つの異なる仕事であり、それぞれの部門によって、しかも当然ながら密接な協力のもとに行われた。敵のドイツ軍とブルガリア軍への配布は、英国の軍当局が行った。オーストリア・ハンガリー軍へは、連合諸国が受け持って、その配布はイタリア軍が組織的に担当した。

一般市民を対象とした配布は困難ではあったが、S.A.ゲスト氏がそれを受け持った。英国の対敵プロパガンダ担当者の中で、彼だけが大戦初期からずっと、この仕事に携わってきた。ヨーロッパ各地で、あらゆる敵対国に向けてニュースや意見を浸透させるためにいくつもの組織を作ってきた。これには非常な忍耐力と創意工夫が必要であったが、多くの成功によって彼の努力は報いられた。

訳注　ビーバーブルック卿
本名マックス・アイトキン（一八七九～一九六四）新聞発行人として大部数の『デイリー・エクスプレス』紙を経営し、英国のメディアと政治に深く関わる。ノースクリフ卿と同じく「新聞貴族」のひとり。

他の政府機関との協力体制

このような活動の調整は極めて重要かつ不可欠だったゆえに、複数の部門責任者や、他の機関とクルーハウスとの連絡将校、またクルーハウスの管理部門の責任者が、毎日のように会議を行って、効果的なものとなった。

こういった会合では、通常私が、つまりキャンベル・スチュアートが議長を務め、各部門の方針や活動の詳細が体系的に討議された。それぞれの部門は、他の部門の活動を理解していて、方針と活動の一貫性が厳守された。

それに加えて、クルーハウスの一般業務や、特定部門の業務で起こった問題の解決策を検討する場合でも、このように熱心な人々が集まって注意し合いながら進められる利点があった。顧問委員会の有能な秘書であったハドソン氏は、こういった毎日の会議の書記役を務めた。

クルーハウスのメンバーは誰しも、関係する政府各部の協力を心より深く感謝していた。その意味で、外務省、陸軍省、海軍省、財務省、情報省、文具調達局のすべてが、クルーハウスの成功に貢献したのである。この他にもクルーハウスのために喜んで協力してくれたところがあった。この戦時活動で、これらの各部門による協力を功績として、ここに記せるのは大いなる喜びである。

連絡将校の任務は極めて重要であった。C.J.フィリップス氏は、教育委員会から外務省の特別勤務へと移籍した有能な公僕であったが、彼がクルーハウスと外務省との連絡を担当した。彼の任務はプロパガンダ活動に影響するような敵国の情勢をクルーハウスに報告し、同時にクルーハウスの現在の活

レジナルド・ホール卿

チャルマーズ・ミッチェル大尉

動を外務省に報告することだった。彼の協力と判断によって、常に変動し続ける外国情勢に関する問題を、巧みに処理できたのである。

ノースクリフ卿が任命されてからしばらくは、陸軍省の軍事情報局長が対ドイツ・プロパガンダ事業に必要な印刷物の制作を続けていた。この間、陸軍少佐ケリー伯爵（国会議員）がクルーハウスとの連絡将校を務め、それぞれはお互いの仕事を巧みに補い合い、その協力体制は非常に調和が取れていた。後にプロパガンダ用印刷物の制作がクルーハウスに集中してくると、チャルマーズ・ミッチェル大尉が陸軍省とクルーハウス、また航空省とクルーハウスとの連絡将校になった。彼の優秀な仕事ぶりは、この本の後のページに記されている。

海軍省との関係もまた非常に緊密なものだった。ここではスタンディング海軍中佐（現在のガイ卿）を介した、クルーハウスと海軍少将レジナルド・ホール卿（海軍省情報局長）との連絡は特に良好であった。

クルーハウスの一同は海軍省からの信頼に基づいた不変の協力に深い感謝の念を抱いている。

ビーバーブルック卿が効率的に組織していた情報省からも、クルーハウスは極めて価値のある協力を得た。密接な協力が必要な時には、クルーハウスと情報省の幹部との間で互いに連絡を取り合った。

いくつかのヨーロッパの国々では、一人の人間が両部門の代表として動いていたので、業務上でも、経済面でも、有効に事を運ぶことができたのである。

ブルガリアの国情に精通していた情報局の担当者は、クルーハウスに非常な貢献をしてくれたが、彼は高い能力を持ち、また自己裁量できる人物だった。

クルーハウスは、敵を啓蒙する文献を送るために無線施設を使用させてくれた情報局に、非常に感謝している。他にも言い尽くせないほど多くの同様な施設を、いずれも快く使わせていただいたことに、深い感謝の思いを抱いている。

財務省は、当時の戦争に関する多くの臨時関係部署から煙たがられていたが、クルーハウスとの関係は円滑なものであった。それはクルーハウスの総務と共に、関係する他の業務を担当し、財務監督官で主計将校でもあったC. S. ケント氏を通して行われた。対敵プロパガンダに関するどのような支出要請も、財務省から拒絶されたり、遅延するようなことはなかった。

しばしば敵側の指導者たちは、ノースクリフ卿が指揮した対敵プロパガンダ業務に多額の経費を費やしていると主張していた。一九一八年九月一日から一二月三一日までの四カ月間はプロパガンダ作戦が集中した時期で、その結果最も支出が多かった期間だったが、会計監査役と会計検査官の報告によると、その経費は三万一三六〇ポンド四シリング九ペンスであった。これには労働省文具調達局の経費も含まれている。

その中でクルーハウスが直接に支出した金額はわずか七九四六ポンド二シリング七ペンスだけであった。この低い金額の理由のひとつは、クルーハウスの人々の多くが無報酬で働いていたからである。会計監査官は、こういった財務上の処理を称賛しているのであった。

最後に重要なことだが、文具調達局はドイツ語、クロアチア語、ブルガリア語、そして他の言語で何百万枚ものリーフレットや印刷物の印刷を引き受けた。常に時間との戦いであったクルーハウスの仕事を、迅速に、また時間通りに成し遂げたことを述べないわけにはいかないだろう。

このように多くの政府諸機関がかくも快くクルーハウスの事業に協力してくれたことを思い出す。その熱心な協力を書き記すのも心嬉しいことだ。クルーハウスの一同は、このような忠誠心や協力の素晴らしさを十分認識しており、感謝の思いが胸中に強く湧き起こるのである。

第三章　オーストリア・ハンガリー二重帝国に対するプロパガンダ作戦
――プロパガンダ作戦の最も成功した例

ハプスブルク帝国内の諸民族の反ドイツ感情

我が方からのプロパガンダに対して、敵国の中で最も影響を受けやすいのは、オーストリア・ハンガリー二重帝国であると、時ならずして明らかになった。ウィッカム・スティード氏とセトン－ワトソン博士など権威ある人々の協力のもと、ノースクリフ卿は外務省からの裁可を得るために、一連の熟慮を重ねた方針を提案することができた。

これ以前に、連合諸国の政府がこういった作戦に取りかかろうとしなかったのは不可解なことである。オーストリア・ハンガリー二重帝国内の迫害されている諸民族の反ドイツ、反ハプスブルクの感情を利用していなかったのだ。ハプスブルク帝国の国民の五分の三は実際に、あるいは潜在的に連合国側に好感を持っていた。それでノースクリフ卿はこの五分の三の人々へ向けたプロパガンダを決定した。それは二つの目標を持っていて、ひとつは建設的なもので、もうひとつは破壊的なものであった。

(1) これら諸民族の独立への国家的希求を、精神的に、また積極的に支援し、中央ヨーロッパからドナウ川流域諸国を結ぶ、強大な反ドイツの連鎖を形作ること。

(2) これらの民族の、ドイツやオーストリア・ハンガリー側に立って戦うことへの反感を扇動して、オーストリア・ハンガリー軍の戦闘力を弱め、ドイツ軍の指揮官たちを妨害すること。

以上、この二つの目標がどこまで成功を収めたかは、次第に明らかになっていくだろう。これで最大の影響を受けたのはチェコ人と南方スラブ人だった。また当時のオーストリア・ハンガリー帝国の内部には少数のイタリア人、ポーランド人、ルーマニア人がいた。彼らはそれぞれ、イタリア人はイタリア政府のもとに、ポーランド人は（当時建国の途上、現在は建国された）ポーランド国に、ルーマニア人はルーマニア政府のもとで暮らしたいと考えていた。これらの国々は、それぞれの民族が住んでいるオーストリア・ハンガリーの各地域を手に入れようと動いていたのだった。

一九一五年のロンドン秘密条約が障害となった南方スラブ人について

こういう状況で、プロパガンダ作戦は比較的容易だったが、唯一の例外は南方スラブ人についてである。一九一五年四月に締結されたロンドン秘密条約が深刻な障害であった。

一九一八年初頭、この条約が問題となると気づく者はほとんどいなかった。しかし、この大戦が終結して以来、「アドリア海問題」が主として国際関係に携わる人々からは問題視され、世界政治の中でも最も面倒な難問だとみなされている。

この問題と対オーストリア・ハンガリーへのプロパガンダとの関係は、次のようなものだった。その始まりは英国、フランス、ロシアが、この一九一五年のロンドン秘密条約で、南方スラブ人（**訳注**）が居住するオーストリア領の一部（ダルマチア地方、**訳注**）をイタリアに与えるという密約を結んだことからだった。しかもこの土地は海に面し、南方スラブという国が建国された暁には、貿易上、経済的に高い価値をもたらすところであった。

南方スラブ人がこのロンドン秘密条約を、連合諸国の統一方針であり、連合諸国の同情が南方スラブ人にのみ向けられていると考える間は、連合諸国が南方スラブ人だけでなくセルビア人、クロアチア人、スロベニア人をも合わせた南方スラブ合同国家の建設のために必要な経済力を全体として持たせる意向があると、理解させるのは難しかった。

このロンドン秘密条約に対抗する枠組みを作るために、南方スラブ委員会の会長アンテ・トランビッ

訳注　南方スラブ人
スラブ人の中で主にバルカン半島周辺にいる旧ユーゴスラビアのボシュニャク人、セルビア人、モンテネグロ人、クロアチア人、スロヴェニア人、マケドニア人、ブルガリア人などを指していう。
ダルマチア地方
現在のクロアチア共和国のアドリア海に面した地域をいう。非常に入り組んだ海岸線と数百の島々からなるダルマチア諸島によって構成される。

チ博士とセルビア首相ニコラ・パシッチ氏の指導のもと、セルビア人、クロアチア人、スロベニア人の代表たちは、一九一七年六月二〇日にギリシアのコルフ島に集まり、南方スラブ合同宣言を発表した。

この内容は、これら三民族が連合すべきこと、また（この宣言によれば）共同体の重要な利益を損なわない分離は不可能であること。これら三民族が多数を占める地域は彼らに属すべきだ、と宣言したのだった。

ある意味で、これはロンドン秘密条約で示されたダルマチア地方の分割を阻む重要な一歩であり、もう一方ではこれら三民族を結び付け、新しい国家を建設する、まさに決定的な前進への最初の一歩だった。

それゆえこの宣言は、ドイツ軍の指揮官たちに明白な影響を及ぼし、彼らはオーストリア・ハンガリー二重帝国軍の南方スラブ連隊に及ぼすであろう悪影響を懸念した。そしてドイツ軍指揮官が、オーストリア・ハンガリー二重帝国軍を直接指揮しなければならないと決心することになる。

ハプスブルク支配下で迫害されている諸民族のローマ会議へ

その次の活動は、イタリア軍が一九一七年一〇月から一二月のカポレットでの惨憺たる敗北から復活し、ピアーヴェ川沿いの戦線を立て直した後に行われた。つまりウィッカム・スティード氏、セトンーワトソン博士、その他英国のセルビア協会の会員たちが率先して、ロンドンにおいてイタリアと南方スラブの指導者たちとの間の会議を行った。その目的は英国とイタリアの両国に受け入れられる問題解決に至る概略を作ることだった。

その会議の覚書は当時（一九一八年一月）ロンドンに滞在中だったイタリア首相ヴィットリオ・エマヌエーレ・オルランド氏へ手渡された。スティード氏の提案に従い、イタリア首相オルランド氏はトランビッチ博士と会談し、この問題について綿密に話し合った。その結果、トランビッチ博士はイタリア首相の招待に応じてローマへ赴くことを決めた。

この訪問に先立って、イタリア議会の著名な国会議員であるアンドレア・トーレ博士がロンドンへ派遣された。それはイタリア議会上院下院の合同委員会代表としてであったが、合意文書の明確な基本案の策定に努めることが目的だった。多くの討議が重ねられ、両国の代表たちは、それぞれの国民の将来における友好的かつ良好な関係のために、現在の領土問題の解決に努めた。またこういった地域に住むその他の少数民族の言語的、経済的な権利の保障も、この問題を解決する原則のひとつだった。

大戦中の緊迫した雰囲気の中で、この原則同意がまとまったのは、ノースクリフ卿がクルーハウスの責任者として任命されたのと同じ時期だった。ノースクリフ卿の最初の公式任務は、イタリアへスティード氏とセトン－ワトソン博士を特命使節として派遣することだった。そこで、彼らはクルーハウスの代表として一九一八年四月七、八、九日にローマにおける「ハプスブルク支配下で迫害されている諸民族の会議」に、イタリア政府の賛同のもと、列席したのだった。

この会議の開催自体が、すでにプロパガンダ戦の重要な事業であった。このような会議自体、いまだかつて前例のないものだった。

この会議の参加者全員は、イタリア人、ポーランド人、チェコスロヴァキア人、南方スラブ人、ルーマニア人の代表者が、これらの諸民族は国家的な統一を主張する権利があることで一致し、またイタリアと南方スラブの代表が、先にロンドンで合意した内容を確認したのである。オルランド氏、ビソラーティ氏、そして他のイタリアの閣僚たちは、次のような決議に賛成すると宣言した。

ローマ会議の決議内容について

イタリア人、ポーランド人、ルーマニア人、チェコスロヴァキア人、南方スラブ人で、オーストリア・ハンガリー帝国の支配下に隷属させられている諸民族の代表者たちは、次に掲げる共通した行動の原則を宣言するものである。

(1) これらの諸民族はいずれも国家的な統一を実現し、全面的な政治的、経済的な独立を獲得する権利があることを宣言する。

(2) これらの諸民族は、オーストリア・ハンガリー帝国が、欧州を併合せんとするドイツの手先であること、またこれら諸民族の希望と権利の実現を、根本的に妨げていることを明確に認識するものである。

(3) この会議では、これらの諸民族が完全なる自由を獲得し、また一個の国家としての統一を手にするため、共通する圧政者に対して協力して戦う必要を認めるものである。

イタリアとユーゴ・スラヴィアの代表者は、特に次の部分に賛同するものである：

(1) イタリアと、ユーゴ・スラヴィア民族という名のもとに知られるセルビア人、クロアチア人、スロベニア人という諸民族との関係においては、ユーゴ・スラヴィアの統一と独立がイタリアにとって極めて重要な問題であり、またイタリアの国家的統一の完成がユーゴ・スラヴィア民族にとって肝要な問題であることを、この両者の代表は認めるものである。それゆえこの両者の代表は、戦時中であっても平和時であっても、相互の目標に対し最大限の努力を払うことを誓う。この目標は完璧に遂行される。

(2) 彼らは、アドリア海の解放と、現在、そして未来の敵からの防衛が、二つの民族にとって重要な問題であると宣言する。

(3) 将来、イタリアとユーゴ・スラヴィアの両民族は良好かつ友好的な関係を保たねばならない。数々の領土問題を友好的に解決するために、自らの運命を決める権利があるという国家としての原則と、そして平和時であっても両国民相互の重要な利害関係を損なわないという原則を順守すべきである。

(4) ある民族の集団が、他の民族の領域内に居住する場合、彼ら特有の言語や文化、倫理観や経済上の利益に関する権利が、認められ保証されねばならない。

オーストリア＝ハンガリー二重帝国へのプロパガンダ方針

一方、ノースクリフ卿とその指揮下の専門家たちは、クルーハウスの原則に従って、オーストリア・

ハンガリーへのプロパガンダ方針を決定した。一九一八年二月二四日、この覚書は、ノースクリフ卿によって作成され、外務大臣の審議と承認を受けるべく提出された。この覚書の主要な点は、以下の通りである。

私は、オーストリアでのプロパガンダ戦に集中すべきだという考えを長い間持ち続けてきました。私はオーストリアから来たあらゆる人々と面談するように努めてきました。その中には私がアメリカ合衆国に滞在していた際に、オーストリアから戻ってきた何人ものアメリカ人も含んでおり、すべての人々は同じような見解を持っていました。

それはオーストリア・ハンガリー二重帝国が中途半端な態度でこの世界大戦に参戦したことです。そのため、もはや戦争に倦み疲れ、ほとんど飢餓に近い苦難に陥り、オーストリアがこの戦争から得る利益は何もない、ということを知っているということです。

オーストリア・ハンガリー二重帝国を構成する諸民族に向けて、発行される新聞などへの報道管制は非常に厳格で、この戦争の実態は一般市民には知られていません。ドイツは、オーストリアにおいて、また他の国々においても同様なのです。

例えば、報道管制の結果、アメリカ合衆国の参戦は矮小化されているようで、単なるアメリカの「こけおどし」だと説明されています。この戦争の前には、アメリカへ移民したオーストリア人も多く、アメリカ合衆国に関する知識はかなり豊富だったようです。もし彼らに情報が伝われば、アメリカ合衆国の実力が認められるでしょう。

それゆえ、アメリカ合衆国による参戦準備についての正確な事実をあらゆる情報経路から広めていくことが最初の一歩だ、と謹んで申し上げたいと存じます。

しかし、そのような行動を起こす前に、まずオーストリア・ハンガリー二重帝国に対する連合国側の方針を知らねばなりません。

もし、次の提案に対して、閣下のご意見を賜われれば、まことにありがたく存じます。これはオーストリア情勢を熟知した人々との協議の上で作成したものです。もしご賛同いただけますなら、アメリカ合衆国、フランス、イタリアへも提出することをお勧め申します。

敵国におけるプロパガンダについて、二つの方針提案がございます。誤解を避けるために、一般的に知られる要点を改めてご説明申し上げます。

二つの方針とは、以下の通りです。

(a)　ハプスブルク帝国の国内問題には干渉せずに、その領土を全く、あるいはほぼそのままで、皇帝、宮廷、貴族と和平を結ぶ。

あるいは

(b)　オーストリア・ハンガリー帝国を、敵対する同盟諸国の中で最も脆弱な部分として、ドイツに反感を抱き、連合諸国に好意を持つあらゆる人々とその傾向を支援し促進して、オーストリア・ハンガリー帝国の力を挫く。

というものであります。

(a)の方針を試しましたが、成功しておりません。ハプスブルク家は、自由な行動ができません。ドイツとの関係を断とうと望んでも、それだけの実力がありません。

なぜならば

(1) ハプスブルク家は（二重帝国という政治体制で）国内の支配構造によって管理されています。そのためドイツは、オーストリアに住むドイツ人、ハンガリーに住むマジャール人を通して、多大な影響力を持っております。

その上に

(2) もし連合諸国がハプスブルク家の受け入れ可能な条件を提示するならば、イタリアとの関係を損ないます。

それゆえ、我々は(b)の方針を取らざるを得ないのです。

この方針は、根本的な意味において、必ずしもハプスブルク家の人々と敵対するものではありません。またローマ・カトリック教会の宗教的な利害にも反するものでもありません。そして連合諸国が宣言している戦争目的と一致しております。

オーストリア帝国の人口は三一〇〇万人であります。このうちの三分の一ほど、つまり九〇〇万人から一〇〇〇万人のオーストリアに住むドイツ人は、親ドイツです。残りの三分の二は（ポーランド人、チェコスロヴァキア人、ルーマニア人、イタリア人、南方スラブ人を含みます）は、積極的あるいは消極的に反ドイツです。

ハンガリー王国は、（自治権を持っております）クロアチア＝スラヴォニア王国を含み、その人口は二一〇〇万人であります。その半分（マジャール人、ユダヤ人、サクソン人、シュヴァーベン人（訳注））は親ドイツとみなされます。その他（スロヴァキア人、ルーマニア人、南方スラブ人）は、積極的あるいは消極的に反ドイツだと思われています。

それゆえオーストリア・ハンガリーでは、全体の三一〇〇万人が反ドイツであり、二一〇〇万人が親ドイツです。人口では少ない親ドイツ派が、数の多い反ドイツ派を支配しています。民主主義の原理は別としても、連合諸国の方針は反ドイツの人々を援助すべきことは明白です。

訳注　シュヴァーベン人
ドイツ南西部に住む人々で、中世にはシュヴァーベン公国が存在した。

彼らを援助する主要な方法を詳述すると、このようになるかと存じます。

(1) 連合諸国の政府とアメリカ合衆国大統領は、「統治される側の承諾を得て、統治する」という原理のもと、オーストリア・ハンガリー帝国内の諸民族に、民主的な自由を与えるように要求すべきだと思います。「自治」あるいは「自律的発達」といった表現は避けるべきと思われます。なぜならそのような表現はオーストリア・ハンガリー帝国では、不吉な意味を持っており、連合諸国に好意を持つ人々にまで悪い影響を及ぼします。

(2) 同様な理由で、連合諸国は「オーストリアを分割」する意図はない、という発言も避けるべきです。今次の戦争は、オーストリア・ハンガリー帝国を根本から改革し、その国民をドイツの影響下から切り離さない限り、勝利はあり得ません。もし連合諸国が、ハプスブルク支配下にある反ドイツ的諸民族を十分に援助するなら、ハプスブルク家は改革へと導かれるでしょう。しかし親ドイツの影響が強くなる中で、ハプスブルク家は改革を実現できません。

(3) 反ドイツ的諸民族へのプロパガンダには、今すでに存在する組織を利用すべきです。これらの主要な組織は、ボヘミア（チェコ・スロヴァキア）国家同盟、南方スラブ委員会、そしていくつかのポーランド人組織です。

(4) 現在のイタリア政府は、一九一五年四月二六日のロンドン秘密条約で具体化した方針を棚上げして以来、オーストリア・ハンガリー帝国の反ドイツ諸民族と一致協力する方針をとっています。このイタリア政府の傾向は、賞賛され、促進されるべきです。

(5) 連合諸国の最終的な目的は、小さな国々をばらばらに作るのではなく、中央ヨーロッパとドナウ川流域諸国で反ドイツの連合を形成することです。

(6) オーストリア国内のドイツ人は、ドイツの連邦に加わる自由が与えられるべきです。いずれにせよ、改革後のオーストリアでは、ドイツ人はもはや非ドイツ人を支配できなくなるので、ここを離れていくことでしょう。

行動の一貫性を保つため、何本もの電信連絡を発信する必要がありますので、このような方法につきまして、閣下からの提案、または私が述べたことに対してご賛同をいただけるかを、可能な限り早急に頂けますよう、お願い申しあげます。

外務大臣バルフォア氏とノースクリフ卿との書簡

一九一八年二月二六日付け、外務大臣アーサー・バルフォア氏（訳注）からの返答は、以下の通りで

訳注 バルフォア氏
アーサー・バルフォア（一八四八〜一九三〇）英国の政治家、哲学者。保守党を率いて一九〇二〜一九〇五年英国首相を務める。第一次世界大戦中の挙国一致内閣では海軍大臣や外務大臣などを歴任し、バルフォア報告書やバルフォア宣言に名を残している。

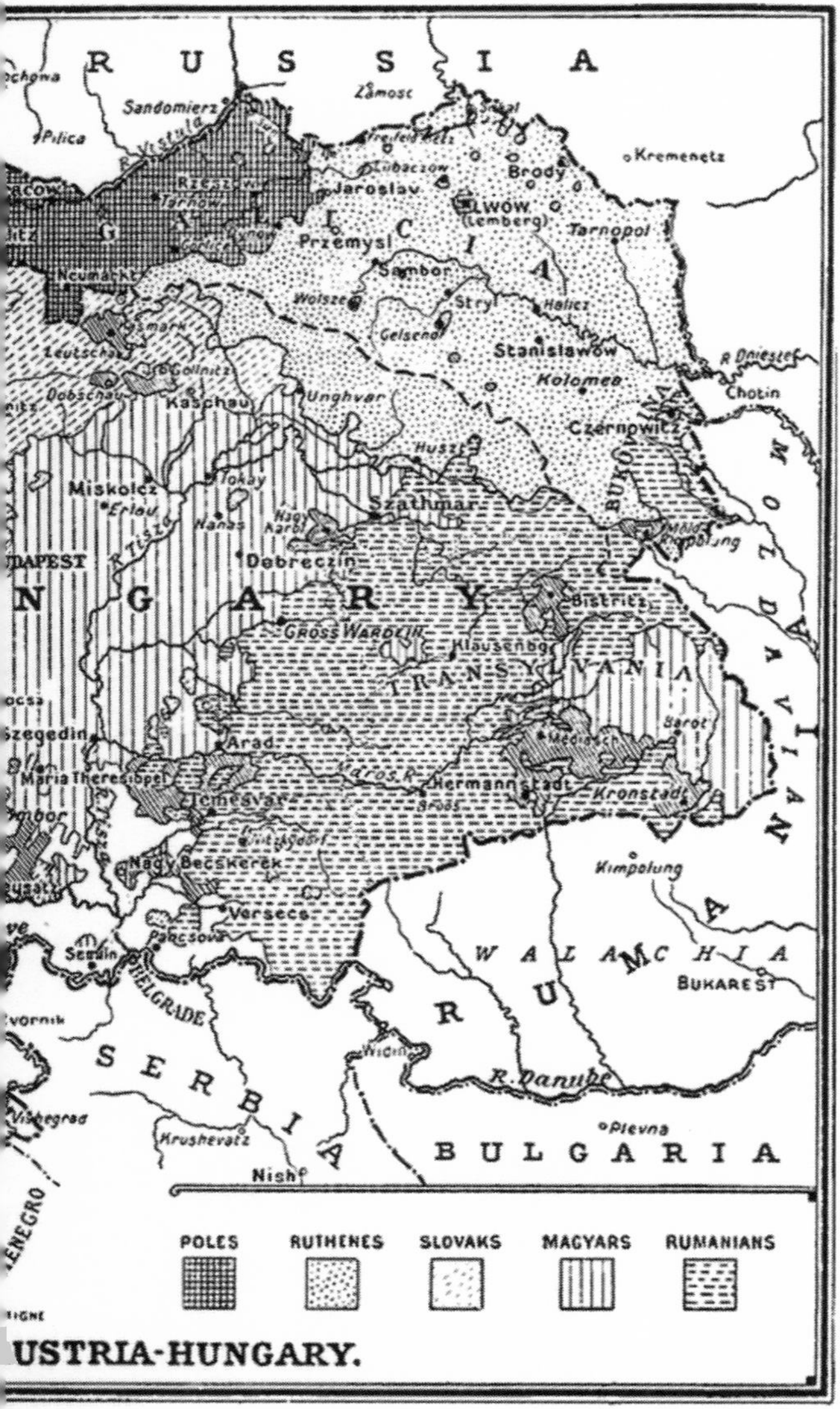

オーストリア・ハンガリー二重帝国の民族分布図

DRESDEN
SAXONY
GERMANY
Aussig
Teplitz
Saaz
Laun
Kladno
Eger
Baireuth
PRAGUE
Kuttenbg
Pilsen
BOHEMIA
Nuremberg
Deutsch Brod
Moldau
MORA
BRUNN
Regensbg
Straubing
R. Danube
Budweis
Znaim
Ulm
BAVARIA
Passau
UPPER
LOWER
Danube
VIENNA
MUNICH
Steyer
Kempten
Salzburg
AUSTRIA
Wiener Neustadt
Odenbg
Vorarlberg
R. Inn
Innsbruck
SALZBURG
STYRIA
Bruck
SWITZ
GRATZ
TIROL
CARINTHIA
Neuhaus
Marburg
R. Drave
Warasdin
Trient
Belluno
Udine
Laibach
LITTORAL
Brescia
Treviso
CARNIOLA
AGRAM
Belovar
VERONA
TRIESTE
Karlstadt
Padua
VENICE
Fiume
ITALY
G. of Venice
CROATIA
Rovigno
Dubitza
Parma
Ferrara
Pola
Zengg
Carlopago
Ravenna
ADRIATIC SEA
DALMATIA
Sebenico
REFERENCE
International Frontiers
Provincial Boundaries
Scale of Miles
0 10 20 30 40 50 100 150
Lagosta
GERMANS
CZECHS
ITALIANS
SLOVENES
SERBO-CROATS
ETHNOGRAPHIC
140

ある。

貴下の明快なる覚書は、ハプスブルク帝国の根本的な問題をさまざまに指摘しています。貴下が私に求めている返答は、最終的、かつ（もしそれが可能ならば）権威ある英国政府の名によって内閣だけができることだと存じます。しかし、貴下の責任を持っている緊急を要す任務の一助となるならば、これについて私自身の見解を次のように申し述べたく思います。

もし、貴下の手紙に記された二重帝国に対する、二つの方針が、互いに排他的であり、プロパガンダ戦略上正反対のものであるならば、我々がどちらの戦略を取るかという問題は難しいものとなります。なぜならオーストリア帝国に対していかなる政策をとるべきかは、単に我々の希望に依るのではなく、連合国軍の戦果によるからです。このような事柄は、正確には予測しがたく、相反する二つの方針のどちらを選ぶべきか、確定することは困難です。

しかし、我々の立場はそれほど複雑なものではありません。なんら反論の余地なく、貴下が指摘されたように、ハプスブルク家が支配している地域の、反ドイツ的な要素の助長はすべて、オーストリア皇帝とその宮廷にドイツとは分離した和平を強いることになります。そしてドイツを中心とした中央ヨーロッパ同盟の一員としての、オーストリア・ハンガリーの力を削ぐ結果となります。

これによってオーストリア皇帝は、彼自身の国家体制を根本的に修正するように仕向けられるか、強制されるでしょう。もし皇帝がこういった方針に賛同しないなら、国内の反ドイツ的な要素が強まり、この目標を支持すると決めるよりも、さらに効果的に同様な結末をもたらすかもしれません。
我々の最終目的は、オーストリア帝国の完全な崩壊、あるいはハプスブルク家の支配を維持したままであるとすれば、親ドイツ的な傾向を排除することです。どちらにしてもプロパガンダの初期段階での展開は同じであり、オーストリア在住のドイツ人およびマジャール系ハンガリー人に支配される諸民族の自由と民族自決に至る闘争を支援するプロパガンダは正しいものに間違いないでしょう。

このような外務大臣バルフォア氏からの即答を受けて、ノースクリフ卿は、可能な限り早急にプロパガンダ活動を始めねばならないと主張した。その理由は、これから二カ月のうちに、オーストリア軍、あるいはオーストリアとドイツの合同軍が、イタリアに対して激しい攻撃を始めるはずだ、とイタリア人が確信していたからである。

次にノースクリフ卿自身の手紙を引用する。

もしオーストリアにおける我々のプロパガンダ作戦が、この敵軍の来るべき攻撃を弱めよう、あるいは完全に失敗させせようとするならば、私の判断では、このプロパガンダ戦はただちに開始すべきで、全ての関連部署がこの困難な活動を二週間以内に始めねばなりません。
現在、アメリカ合衆国プロパガンダ局の代表がここロンドンに滞在しております。またイタリアの代表も来週には来る予定で、フランスの代表も同時期にこちらに来ることは間違いないでしょう。

この覚書に対して、閣下が私の概略の方針に十分なご賛同いただけたことを喜ばしく思います。

ここに挙げた二つの方針は、最終的には互いに矛盾しないかもしれません。しかし、どちらかに絶対的な優先権を持たせることは非常に重要です。もし、(b)の方針に従って集中的なプロパガンダ作戦を私どもが開始した後に、英国または連合諸国の政府が(a)の方針を表明するような事態になりますと、私は非常に困難な立場に置かれることになります。それゆえに英国戦時内閣が速やかに方針を決定し、またできるかぎり早急にフランス、イタリア、アメリカ合衆国の決定を得るべく、努力されることを切に望むものであります。

いうまでもなく、英国、フランス、そして連合諸国の政府が、そして可能ならばアメリカ合衆国のウィルソン大統領が、速やかに(b)の方針を公的に宣言すれば、このプロパガンダ作戦にとっては非常に有益であります

英、伊、仏、米のロンドン会議

いうまでもなく、(b)の方針は連合諸国間の共同方針として実行されることが賢明であった。それでノースクリフ卿は、イタリア、フランス、アメリカ合衆国の代表を会議のためにロンドンに呼び集めた。この会議で決まったのは、フランスとイタリアと共同で、イタリア戦線におけるオーストリア・ハンガリー軍への共同作戦を行う委員会を組織することだった。

ノースクリフ卿がイタリアに派遣した特使は、スティード氏とセトン－ワトソン博士が主要なメン

バーで、この任務が一任された。イタリアの首相と、イタリア軍の最高司令官と、イタリア戦線の英国とフランスの司令官による、積極的な支持と協力を得て、イタリア軍司令部に、連合諸国プロパガンダ委員会が常設組織として設立された。

イタリアからは、委員長としてシチリアーニ大佐が、そして委員としてオジェッティ大尉が、また英国とフランスから、それぞれ一名の委員が加わった（B.グランヴィル・ベイカー中佐とグリュース少佐である）。さらにスティード氏の尽力によって、ハプスブルク帝国の迫害されている諸民族委員会からの代表が加わった。スティード氏は、ノースクリフ卿に代わって、これらの民族の代表たちだけが、プロパガンダ資料制作の課題となる極めて重要な問題を、同胞に語りかける資格があると力説した。

イタリア戦線でのプロパガンダ戦の様子

この委員会の活動は一九一八年四月一八日に始まった。複数の言語が印刷できる印刷機は、イタリア北部、レッジョ・エミリア市に置かれた。スイスのベルンにいたボルゲーゼ教授の組織したイタリアの特別事務所に集まったニュースは、チェコ語、ポーランド語、南方スラブ語、ルーマニア語に翻訳され、印刷されて、週刊で発行された。

正確な翻訳と適切な内容にするには、諸民族の人々の協力が絶対に必要欠くべからざる有用なものだった。またこれらの代表者は、檄文のリーフレットを作成した。それぞれの民族の国家独立への願望、または宗教心に訴える愛国的、宗教的な彩色された印刷物である。

このような制作物は、印刷機から直接前線の軍隊に送られ、飛行機（この目的用に一軍団あたり一機の飛行機が用意されていた）、こういうパンフレットを約三〇冊収める砲弾、手投げ弾形のケース、そして「接触を担当する斥候」によって配布された。

これら「接触を担当する斥候」とは、元々はイタリア軍が募兵した者である。彼らはチェコスロヴァキア人、南方スラブ人、ポーランド人、ルーマニア人で、オーストリア・ハンガリー軍から脱走した兵士であり、先祖伝来の敵に立ち向かう任務に自ら志願した人々であった。これらの兵士たちは素晴らしい成果をあげた。このように配布されたリーフレットや他の印刷物の合計は、何百万部にも及んだ。

さらに、これ以外にもプロパガンダ戦の方法があった。英国の委員は、チェコスロヴァキアや南方スラブの民謡のレコードを入手し、オーストリア軍の中にいるこういった人々の部隊に聞かせて、彼らの愛国的感情を呼び覚ますことに成功した。この蓄音機は「緩衝地帯」に置かれていた。両軍の前線の塹壕は、距離も近く、歌詞も旋律も容易に聞こえたのだった。

スティード氏とセトン－ワトソン博士が責任者を務めるクルーハウスのオーストリア・ハンガリー部は、この連合諸国プロパガンダ委員会と密接な関係を保っていた。これらの印刷見本は委員会とクルーハウスの他部門でもやり取りされ、ニュース・リーフレットの中には八から一〇カ国語で印刷され、全発行部数が数百万部にも及ぶことも珍しくなかった。

オーストリア・ハンガリー部はまた連合諸国と中立諸国において、チェコスロヴァキア、南方スラブ、ポーランド、ルーマニアの指導者たちや組織と密接につながっていた。またこの部は、中立国における民間の秘密流通経路を、S.A.ゲスト氏と協力して組織していった。こういった流通経路を経て、プロパガンダの印刷物はオーストリア・ハンガリー帝国内部へ浸透していった。

イタリア政府部内からの妨害に対して

プロパガンダのリーフレット配布作戦を始めた効果は程なくして明らかになってきた。オーストリア・ハンガリー軍の内部に不安の色が見えはじめたのである。迫害されてきた諸民族の兵士たちで、脱走して連合軍に加わる者が現れてきた。

一九一八年四月の決行を周到に準備してきたオーストリア軍の攻撃延期は、これが主な理由だった。この攻撃がようやく六月に始まった時には、イタリア軍の司令官や連合諸国の仲間たちは、敵軍の計画と陣容について十分な知識を得ていたのである。

しかし残念なことに、プロパガンダ作戦や、それに続く軍事作戦が、イタリア政府内の反動的傾向によって妨害された。もしイタリア政府が一九一八年五月の時点で、連合諸国やその同盟国と歩調を合わせて、南方スラブ国の統一と独立をめざして、チェコスロヴァキアが連合諸国側として共通の敵と交戦していることを、力強く明白な言葉で宣言していたならば、間違いなくオーストリアの崩壊が早まって、一九一八年の初夏には瓦解していたことであろう。

しかし連合諸国は、このように統一した強力な宣言を発する好機を捕らえられなかった。その代わりとして、パリ郊外のベルサイユで、一九一八年六月三日、英国、フランス、イタリアの首脳会議で、次のような宣言が行われた。

(1) 統一され、独立し、海に臨むポーランド国の建国は、ヨーロッパにおける確固として正当なる平和と、正義による支配の一つである。

(2) 連合諸国政府は、アメリカ合衆国政府の国務長官による宣言（オーストリア・ハンガリー治下で迫害されている諸民族のローマ会議の決議を参照のこと）を好意的に受け取り、チェコスロヴァキアとユーゴ（南方）・スラブの人々が自由を求め、国家建設の希望に対して、心からの賛同を表明するよう希望する。

この第二の宣言はアメリカ合衆国政府を代表する国務長官、ロバート・ランシング氏が以前に発表した宣言に極めて類似したものであった。

残念なことにこの宣言は弱いものになってしまったが、それは英国の外務大臣アーサー・バルフォア氏とフランスの外務大臣ステファン・ピション氏が起草したはるかに強い態度を表明した宣言を、イタリアの外務大臣シドニー・ソンニーノ男爵が拒絶したためであった。それで、一九一八年四月のオーストリア・ハンガリー治下で迫害されている諸民族のローマ会議で、イタリアの首相が「ユーゴ（南方）・スラブ国の統一と独立をイタリアは最も歓迎するものである」としたイタリア・南方スラブ間協定の時よりも、イタリアがこれを支援する立場は後退したものとなった。一方チェコスロヴァキアに関しては、英国、フランス、イタリアの政府は、ボヘミア国家会議において、チェコスロヴァキア軍を連合軍の味方としてすでに承認していたのである。

一九一八年六月の終わり頃、アメリカの国務長官ロバート・ランシング氏は、アメリカ合衆国はスラブ民族全体がオーストリア及びドイツの支配下から完全に解放されることを希望する、と明確な宣言を行い、彼の立場が前へ非常に進んだことを明らかに示した。

ピアーヴェ川の戦いでの勝利

ノースクリフ卿とその同僚たちは、このように無駄となってしまった機会を挽回すべくロンドンで懸命な努力を続けていた。その一方、イタリアのプロパガンダ組織は、政治家の優柔不断にもかかわらず、目覚ましい進歩を遂げていた。しかしベルサイユにおけるイタリアの外務大臣ソンニーノ男爵の後ろ向きの態度は、オーストリア軍麾下の南方スラブ人部隊へのプロパガンダ・リーフレットの影響力をやや弱くしてしまった。

しかしオーストリア・ハンガリー軍からの脱走兵は、相当数を数えていた。この脱走兵の中には職業軍人ではない青年将校が多く、こういう人々は軍務に就く前の個人的な暮らしは弁護士や商人とか、その他色々であった。彼らはプロパガンダによって動かされ、脱走すれば自由の身になれると連合国側にやってきた。

その他、誘われて脱走した兵士や下士官は、プロパガンダを通じてイタリア軍で戦う同胞の中に、親戚がいることを知って再会を求めたり、または食料や安心感、安全といった人間としての根本的な欲求が満たされると知って脱走する者もあった。ほとんど全ての脱走兵が、連合諸国委員会が配布したリーフレットを持っていたことは注目すべきである。

オーストリア・ハンガリー当局がプロパガンダに対して厳重な警戒を行っていたのは、軍の命令やオーストリア・ドイツの報道がリーフレットの内容を取り上げていることからも明白である。彼らは印刷物の記事に反論し、激烈な口調でノースクリフ卿を罵倒した。

これはオーストリア・ハンガリー軍の戦術の細部にも影響した。一九一八年六月のピアーヴェ川での攻撃の際、機関銃部隊は集団脱走をはかる兵士たちを射殺すべし、との命令を受けていた。これは六月末にオーストリアがやっとのことで始めたピアーヴェ川攻撃の際の出来事である。

このピアーヴェ川の攻撃では、少なくとも一件のチェコ部隊の反乱を、ドイツ人とマジャール人の兵士が鎮圧したという公式記録が残されている。このピアーヴェ川攻撃の前、あるいはその最中に、兵士個人や小グループでの脱走はたびたびあったが、一つの部隊全員が脱走した例もある。これは全員がユーゴ・スラブ人で構成された部隊だった。

この部隊の指揮官は（ユーゴ・スラブ人で熱烈な国粋主義者であった）攻撃開始の二時間ほど前に巡回した際、部下の兵士たちの会話から戦闘意欲が全くないことを察知した。そして、彼の部隊全体を、連合国側に引き連れていったのである。

連合国側のプロパガンダで、オーストリア軍の攻撃が遅れたことは、非常に重要であった。なぜならオーストリア軍の背後からピアーヴェ川が増水して氾濫を起こし、この攻撃自体が大惨事となったからである。その際、敵陣の背後にあった弾薬の集積所がチェコ人によって爆破されたらしい、と信じる理由がある。

報道では、オーストリア軍麾下の南方スラブ人部隊がイタリア軍に対して、必死で戦っているという噂が流れたが、これは公式には否定された。それは、ドイツ人、マジャール人、ポーランド人、ルテニア人（訳注）の混成師団だった。

南方スラブ人だけの師団は解体され、（信頼のおける）兵士たちと混成された。オーストリア軍は南方スラブ人を信用していなかったのである。

連合国側の捕虜となった兵士たちは、ほとんどの場合、ただちにイタリア軍に志願する意志を表明した。南方スラブのダルマチア人の捕虜たちは、ユーゴ・スラヴィア、また連合国に大いなる好意を示した。

一九一八年六月のピアーヴェ川の戦いの後、連合諸国プロパガンダ委員会のメンバーは、イタリア軍の総司令官、アルマンド・ディアズ将軍から歓迎され、感謝された。ディアズ将軍は、この勝利はプロパガンダ委員会の努力に依るところが非常に大きかったと述べたのである。

一九一八年八月、クルーハウスで開かれた対敵プロパガンダ連合国会議

八月にノースクリフ卿によって召集された対敵プロパガンダ連合国会議は、クルーハウスで開催された。対オーストリア・ハンガリーのプロパガンダについて、方針上の諸問題を討議すべく開かれた委員

訳注　ルテニア人
オーストリア・ハンガリー帝国内に住んでいたウクライナ人を指す。二〇世紀初頭では、ロシア帝国に取り込まれるのを防ぐ目的もあり、「ウクライナ人」と名乗るのを禁じられ、「ルテニア人」と呼ばれていた。

会は、英国政府が承認した政策的枠組みと完全に一致した。さらにこれは、当時の英国、フランス、イタリア各政府の決議でも詳述され、また「オーストリア・ハンガリー帝国内の迫害された諸民族のローマ会議」の内容とも一致するものだった。

このような方針が、かくも広く認められた理由は、連合諸国の原理を考慮したことから始まったが、また一方ではプロパガンダの遂行に必要な現実的条件とも相応ずるものだった。

その当時の現実とは、軍事情勢が緊迫してきたこと、そして特にイタリアに対するオーストリア・ハンガリー軍の差し迫った攻撃を抑え込むために、連合国側の理想に向けた主義・主張を定着させる必要から始まった。

連合諸国政府とアメリカ合衆国政府の、その後の宣言と行動を見るならば、連合諸国の統一方針によって、オーストリア・ハンガリー帝国内の迫害された人々に建設的な自由を与えようとする傾向が明らかになっていった。それゆえ対オーストリア・ハンガリーの委員会による主な任務は、その行動と宣言を統一し、可能ならば、オーストリア・ハンガリー帝国内と、前線にあるオーストリア・ハンガリー軍へのプロパガンダ作戦を完遂することだった。

そして、これをさらに効果的にするのは、連合国の合同宣言を準備することだった。委員会は結論を下し、助言を行ったが、それは次のような内容だった。

イタリア政府が率先して行う、統一され自由なユーゴ・スラヴィア国（セルビア人、クロアチア人、スロベニア人による）の建国は、ヨーロッパにおける正義と平和を永続させる条件の一つだと、連合国の全会一致による公式宣言を行うべきである、ということだった。確かにイタリア政府はこのような宣言を公

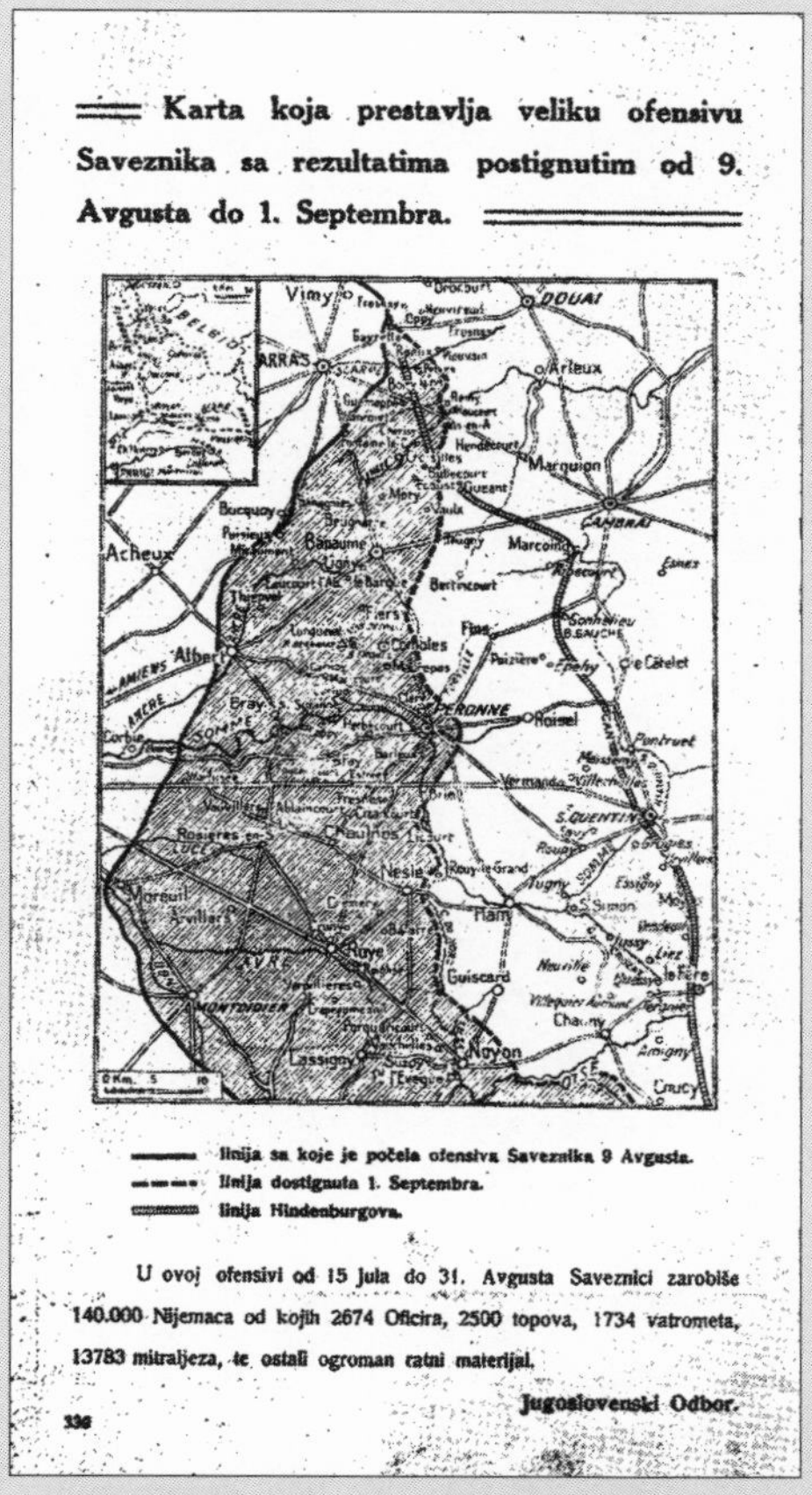

Karta koja prestavlja veliku ofensivu Saveznika sa rezultatima postignutim od 9. Avgusta do 1. Septembra.

linija sa koje je počela ofensiva Saveznika 9 Avgusta.
linija dostignuta 1. Septembra.
linija Hindenburgova.

U ovoj ofensivi od 15 jula do 31. Avgusta Saveznici zarobiše 140.000 Nijemaca od kojih 2674 Oficira, 2500 topova, 1734 vatrometa, 13783 mitraljeza, te ostali ogroman ratni materijal.

Jugoslovenski Odbor.

336

1918年８月９日から９月１日の連合軍大攻勢での戦果

７月15日から８月31日の連合軍の大攻勢によって14万人のドイツ兵（将校は2674人）が捕虜となった。そして鹵獲されたのは、2500門の大砲、1734台の火炎放射器、１万3783台の機関銃、およびその他大量の戦争資材である。

ユーゴ・スラヴ委員会

にしたが、その時期があまりに遅く、プロパガンダの効果はほんの微々たるものとなってしまった。

イタリア、パドヴァの英国委員会からは、プロパガンダ用印刷物の制作や配布は、途切れなく進んでいることを知らせてきた。この事業は非常に大きくなって、ほとんど一日あたり百万枚ものリーフレットを配布できる能力があった。

この仕事の成果を証明したのは、脱走兵の到着によってだった。これらの脱走兵たちはイタリア戦線の迫害された諸民族の人々で、彼らは「ここにある勧告に従ってやって来た」と宣言書のリーフレットを持ってきた。

特別なリーフレットがロンドンで作られたが、それは南方スラブ委員会のメンバーによる協力のもと、ダルマチアの海岸地域の複数の場所で、飛行機によって配布されたものだった。ダルマチアの海岸地方には、南方スラブ人の叛徒が数多く集まっていると思われていたからである。

また、アメリカ合衆国の参戦準備が大々的に行われている意味（常に敵側は、この参戦準備の意味を過小評価していた）を公式の情報源から編集して、パドヴァに電信で送り、そこでオーストリア・ハンガリー軍兵士たちに向けたリーフレットとして配布するため、オーストリア・ハンガリー帝国内の諸言語に訳された。

ハンガリーの農地問題とブルガリアの崩壊

イタリア、モンテッロでの戦いで獰猛なまでに戦ったマジャール人（ハンガリー人）の間にも、プロパ

オーストリア・ハンガリー（戦前と戦後の比較）

ガンダの影響は広がっていった。長年にわたって、ハンガリーを悩ませてきた農地問題がプロパガンダの題材として取り上げられ、数多くのマジャール人の戦線離脱が相次いだ。連合国側のプロパガンダ作戦の絶えざる努力が、敵軍に対して次第に功を奏して、累積して影響を与えた。

一九一八年九月、親ドイツだったブルガリアの崩壊によって、オーストリア・ハンガリーに対する新たな作戦を発動する機会が来た。そして英国のグランヴィル・ベイカー中佐の指揮のもと、パドヴァの委員会に同様なプロパガンダ委員会が大至急で組織され、ギリシアのテッサロニキに緊急派遣された。プロパガンダ作戦は迅速に開始されたが、やがてその終焉の近いことが明らかになっていく。

連合軍の西部戦線における前進と共に、親ドイツであったブルガリアの離脱のニュースは、すぐさま前線にあったオーストリア軍に送られ続けた。これがオーストリア軍の戦線離脱者を増加させ、全体を動揺させたこと

セルビア・クロアチア人とスロベニア人に。

「ステファニ通信社」による正式発表：

9月8日の内閣評議会の布告により、我が（イタリア）政府は、連合諸国政府に、独立と自由な国家の樹立を目指すユーゴ・スラヴィアの運動を、正義と永続的な平和のために、連合軍が戦っている原則のひとつとすることを、通達した。

連合諸国の政府は、このイタリア政府の宣言を、満足して受け取ったことを返答した。

ユーゴ・スラヴィアの人々よ！

この歴史的に重大な宣言によって、イタリアは以下に述べるような戦争目的を定めた。現在のオーストリア・ハンガリー君主体制の破壊と、その廃墟の跡にセルビア人、クロアチア人、スロベニア人の独立国家を建てることがそれである。

このイタリアの素晴らしい布告を、すべての連合国は受け入れた。

兵士たちよ！

今日イタリアができることは、いまだかつてないほど強く明確になった。連合軍は過去４年間、弱い立場で、自由を担い、理想を掲げる人々のために戦い続けてきたが、イタリアはそういった人々の保護者となった。戦いの目的はブレスト・リトフスク条約（**訳注**）とかブカレスト条約（**訳注**）による平和ではなく、弱く、迫害された人々の自由のためである。

さあ、眼を見開くのだ。心に置くのだ。あなたが戦っているのは、あなた自身であり、我々の子孫であり、我々の自由と団結であることを。

イタリアよ、永遠なれ。自由で連合したユーゴ・スラヴィアよ、永遠なれ。我らが連合軍よ、永遠なれ。

ユーゴ・スラヴィア評議会議長
アンテ・トランビッチ博士

Srbi, Hrvati i Slovenci.

„Agenzia Stefani" službeno objavljuje:

„Odlukom ministarskog vijeća od 8. Septembra, talijanska Vlada izvijestila je savezničke Vlade, da Ona smatra pokret Jugoslovena za postignućem nezavisnosti i stvaranja slobodne Države kao načelo za koje se Saveznici bore i kao uslov jednoga pravednog i dugog mira".

Vlade savezničkih država odgovorile su, da sa zadovoljstvom primaju ovu izjavu talijanske Vlade.

Jugosloveni.

Ovom istoriskom i sudbonosnom izjavom Italija postavlja kao svrhu za koju se bori: rušenje Austro-Ugarske monarhije onake kakva je danas i podizanje na razvalinama njenim, nezavisne i ujedinjene države Srba, Hrvata i Slovenaca.

Ovu plemenitu odluku njezinu, prihvaćaju i svi Saveznici naši.

Vojnici.

Uloga koju je Italiji povjest dodjelila, manifestirala se danas jače nego ikad. Kao zaštitnica slabih, nosioc slobode i one misli za koju Saveznici već četiri godine ratuju, njezina svrha za koju se bori, nije mir Brest-litovski i Bukureški, nego sloboda slabih i potlačenih.

Zato otvorice oči. Upamtite, da boreći se protiv nje, borimo se protiv sebe, protiv potomstva našeg, protiv slobode i ujedinjenja našeg.

Živila Italija, živila ujedinjena i slobodna Jugoslavija, živili Saveznici naši.

D.r ANTE TRUMBIĆ
presjednik Jugoslovenskog Odbora.

396

訳注　ブレスト・リトフスク条約

1918年3月3日にドイツ、オーストリア・ハンガリー、トルコ、ブルガリアと、ロシア、ウクライナのボルシェビキ政権とが講和を結んだ条約

ブカレスト条約

1918年5月にルーマニアがドイツ、オーストリア・ハンガリー、トルコ、ブルガリアと結んだ平和条約

は間違いないだろう。結果として、一九一八年一〇月の連合軍による最終攻勢によって、オーストリア・ハンガリー二重帝国の軍事的、政治的な諸機関は機能を停止したのであった。

対オーストリア・ハンガリー作戦の成功理由とは

クルーハウスは、対オーストリア・ハンガリーのプロパガンダ作戦の成功を誇るべきさまざまな理由がある。その方針、活動範囲、運用は、ノースクリフ卿およびオーストリア部での共同責任者であるウィッカム・スティード氏とセトン-ワトソン博士によるものである。この成果が、彼らのプロパガンダ戦略の基本方針が正しかったことを証明している。彼らは数々の困難を何度も乗り越えねばならなかった。特に外国の政治的、個人的な野心が、少なからざる悪影響を与えた。

この業務を、絶え間なく進めるために、注意を怠らぬようにしながら、さまざまな関係者との絶えざる打ち合わせを続ける必要があった。作戦の結果は建設的な組織的活動の積み重ねによって、戦時プロパガンダの最も偉大なる勝利となったのである。

もし論理的な結論にまで遡ることができるならば、それは専制政治の暴君によるくびきから何百万人もの人間を解放し、文明人特有の権利である政治的な自由を享受させることで、正義と恒久的な平和を獲得することができた、ということなのである。

第四章　対ドイツのプロパガンダ作戦

大戦初期、英国はプロパガンダ活動を無視していた

オーストリア・ハンガリー帝国に対する「プロパガンダ攻勢」の大成功は、西部戦線のドイツ兵に対する同様の作戦行動で、大いなる成果を収めるだろうという希望が沸き起こった。多くの人々と同じくこのような希望を抱いた英国首相ロイド＝ジョージ氏は、一九一八年五月一六日にノースクリフ卿に向けて手紙を書いた。

対オーストリアのプロパガンダ作戦で、貴下は賞賛に値する実績を上げてこられました。私は、同様にフランスと英国が、敵ドイツと対峙している西部戦線で、ドイツ軍へのプロパガンダ作戦の開始を希望するものです。貴下が、オーストリア・ハンガリー軍に対して、偉大なる成功を収めたような方法で、ドイツ軍の士気を阻喪させせられると、思っております。

世界大戦の初期、最初の一年半というもの、残念ながらあらゆるプロパガンダは英国政府に無視され続けてきた。ごく少数の人だけがその真価を知るのみで、公式にはさして重要ではない「傍流」として捉えられていた。このプロパガンダが兵器として数個軍団もの将兵に匹敵するかもしれないという考え方は、当時は嘲笑されるだけだった。このような目的での予算は、不承不承に支出され、少数の熱心な人々の必死の努力にもかかわらず、プロパガンダとは、害のない奇妙な考えの誇大表現だと見くびられていた。

一九一四年一〇月に、スウィントン陸軍中佐（現在は少将）は、英国陸軍の「目撃証人」としての任務を帯びて前線に出ていたが、ここに採録されているプロパガンダのリーフレットを作った（六六〜六七頁）。ノースクリフ卿配下のパリの組織の助けを借りて、これを制作して大量に印刷し、飛行機からドイツ軍の上にばらまいたのだった。しかし、当時の英国陸軍上層部は、この新奇な方法に大した関心を示さなかったので、スウィントン中佐はこの計画を推進することができなかった。

対敵プロパガンダは、長い期間、S.A.ゲスト氏ただ一人が行ってきた作戦活動である。彼は、英国のプロパガンダがたどった道にもかかわらず、当局によって落胆させられたり、乏しい援助や協力にもかかわらず、あらゆる変化に挫けることなく、非常な努力を続けていた。

実のところ、英国プロパガンダの初期の方向性は、まるで疫病のようだった。つまり、時として奇妙奇天烈な形になったり、また思いもよらない場所に現れたからである。ゲスト氏の仕事は、これらのプロパガンダ用印刷物を制作し、ドイツやオーストリアに密かに持ち込む組織の運営や維持であった。

C. K. コッカリル旅団長

ジョージ・マクダノー卿

陸軍省の中でも、プロパガンダ活動に好意を持つ人物はいたが、そういった人々も長い間少数だった。一九一六年の初頭、当時少将（現在は中将）だったジョージ・マクダノー卿（ナイト・コマンダー・聖マイケル・聖ジョージ勲章・バス勲章コンパニオン）が、フランスから戻って、軍情報部の部長となった。そして彼とG. K. コッカリル旅団長（勲爵士。当時は特別情報部長）の努力によって、陸軍省内に軍情報部のプロパガンダ部門が設立された。この部門の最初の活動は小さなものだったが、徐々に拡大していった。

ドイツ語、フランス語のプロパガンダ

一九一六年の春、この軍情報部の一部門で、敵軍へ配布するドイツ語のリーフレット制作が始まった。このリーフレットを作った理由の一つは、ドイツ軍兵士の間で、もし捕虜になると英国軍やフランス軍によって非常に過酷な扱いを受けるという誤っ

BEKANNTMACHUNG.

EINE AUFKLÄRUNG FÜR DIE DEUTSCHEN SOLDATEN.

Es ist bekannt geworden, dass den deutschen Soldaten mitgeteilt worden ist, die Englaender behandelten in unmenschlicher Weise die von ihnen Gefangengenommenen. Das ist eine Lüge.

Alle die deutschen Kriegsgefangenen werden gut behandelt, und erhalten von den Englaendern dieselbe Verpflegung wie ihre eigenen Soldaten.

Diese Gelegenheit wird jetzt wahrgenommen, um dem deutschen Soldaten über einige Tatsachen, die ihm bis jetzt geheim gehalten wurden, Aufschluss zu geben.

Das deutsche Heer hat niemals Paris erreicht noch besetzt, und hat sich seit dem 5 September davon zurückgezogen.

Das englische Heer ist weder gefangen noch geschlagen. Es nimmt jeden Tag an Kraft zu.

Das französische Heer ist nicht geschlagen. Ganz im Gegenteil, da es bei MONTMIRAIL den deutschen eine schwere Niederlage beibrachte.

Russland und Serbien haben Oesterreich in so entschiedener Weise geschlagen, dass es gar keine Rolle mehr spielt.

Mit Ausnahme von einigen Kreuzern, ist die deutsche Schiffahrt, Handels sowie Kriegsmarine auf dem Meere nicht mehr zu sehen.

Die englischen und deutschen Flotten haben alle beide Verluste erlitten, die Deutsche jedoch die schwersten.

Deutschland hat schon mehrere Kolonien verloren, und wird in kurzer Zeit was ihr übrig bleibt auch verlieren. Japan hat Deutschland den Krieg erklaert. Kiau-chiao wird von den Englaendern und Japanern jetzt belagert.

Die in der Presse verbreitete Nachricht, dass die englischen Kolonien und Indien im Aufstand gegen Grossbritanien seien, ist total unwahr. Ganz im Gegenteil, haben diese Kolonien grosse Truppenteile und viele Verpflegungsmittel, um dem Vaterland beizustehen, nach Frankreich gesandt.

Irland ist mit England einig, und schickt vom Norden und Süden seine Soldaten, die mit Begeisterung neben ihren englischen Kameraden kaempfen.

Der Kaiser und die preussische Kriegspartei haben diesen Krieg gegen alle Interessen des Vaterlands gewollt. In Geheimen hatten sie sich auf diesen Krieg vorbereitet. Deutschland allein war kriegsbereit, worauf die vorübergehenden Erfolge zurückzuführen sind. Jetzt ist es gelungen dem siegreichen Vormarsch Einhalt zu tun. Unterstütz von den Sympathien der ganzen Kulturwelt, welche mit Abscheu einen mutwilligen Eroberungskrieg betrachtet, wird Grossbritannien, Frankreich, Russland, Belgien, Serbien, Montenegro und Japan den Krieg so lange durchführen, bis sie ihre Ende erreicht haben.

Diese Tatsachen bringen wir zur allgemeinen Kenntniss, um die von Euch verborgene Wahrheit ans Licht zu bringen. Ihr kaempft nicht um Euer Vaterland zu verteidigen, da es keinem Menschen eingefallen ist, Deutschland anzugreifen. Ihr kaempft um die ehrgeizige Kriegslust der Militaerpartei auf Kosten der wahren Interessen des Vaterlands zu befriedigen. Dieser ganze Klimbim ist eine Gemeinheit.

Auf den ersten Blick werden Euch diese Tatsachen unwahrscheinlich vorkommen. Jetzt aber ist es an Euch die Ereignisse der letzten Wochen mit der von den Militaerbehörden fabrizierten Nachrichten zu vergleichen.

DIE RUSSEN ERRANGEN AM 4 OKTOBER EINEN GEWALTIGEN SIEG ÜBER DIE DEUTSCHEN ARMEEN IN OSTPREUSSEN. VERLUSTE DER DEUTSCHEN 70,000

これは 1914 年 10 月に撒かれた

あなた方に隠されている真実に光を当てるために、世の中一般の忠告として、これらの事実を知らせます。あなたは、あなたの母国を守るために戦っているのではないのです。今まで誰もドイツを攻撃しようとは考えていなかったのですから。あなたが戦っているのは、あなたの母国の本当の利益にはならない、軍国党の戦争による強欲を満足させるためです。このあらゆる事業はごろつきのように不正なものです。

一目見ただけでは、これらの事実はあなたにとって信じがたいものでしょう。しかしこの数週間の事実と、軍当局が作った情報とを、今や比較してみるべきなのです。

10月４日、ロシア軍は東プロシア地方で凄まじいまでの勝利をおさめ、ドイツ軍は７万人の将兵を失ったのです。

［公式発表］

ドイツ軍兵士たちへの説明

あなた方ドイツ軍兵士たちは、英国が捕虜を非人間的に扱うと教えられてきたことは分かります。しかし、これは嘘なのです。

ドイツの戦争捕虜は全員が良い待遇で、英国の兵士と同じ食事を与えられています。

今まで秘密であったいくつかの事実をドイツ軍兵士に知らせる時が来ています。

ドイツ軍はパリまで進攻することも、占領することもできず、９月５日から撤退し始めています。

英国軍は破れていないのです。捕虜にもなっていません。日毎に強くなっています。

フランス軍は負けていないのです。反対にドイツ軍はモン・ミライルで重大な損害を受けました。

ロシアとセルビアは、オーストリアを決定的に打ち破り、オーストリアはもはや戦争ではいかなる役目をも果たせなくなりました。わずかな巡洋艦を除いて、ドイツの船舶は軍艦と同様に商船も、もはや海上には見えません。

英国海軍もドイツ海軍も、負傷や被害に苦しんでいますが、それはドイツ側の方がはるかに大きいのです。

既にドイツはいくつもの植民地を失いました。そして現在残っているところをさらに失おうとしています。日本がドイツに宣戦布告したのです。膠州湾は、現在英国と日本によって包囲されています。

英国の植民地とインドが、大英帝国に反乱を起こしたという報道は全く真実ではありません。その正反対で、これらの植民地は、フランスに大量の兵員と戦争用の物資を送り込んで、英国本国を助けています。

アイルランドも英国とともにあって、北から南から英国の友人、同胞と共に激しく戦う兵士たちを送り出しています。

ドイツ皇帝とプロシアの軍国党は、祖国のあらゆる利益に反するこの戦争を望んでいるのです。彼らはこの戦争をひそかに準備していました。ドイツだけが準備を整えていたことは、最初の一時的な勝利で明らかです。この戦争を怖れ、征服者の独裁的な戦争だと考えている全文明国家からの共感に支えられて、英国、フランス、ロシア、ベルギー、セルビア、モンテネグロ、日本は、最後までこの戦争を戦い抜くでしょう。

た情報に反論するためだった。そのために、ドイツ軍の戦争捕虜が実際に書いた手紙の写しや写真、または捕虜たちや、収容されたキャンプの描写などの素材が用意され配布された。

ドイツでの政治的、社会的な不満が増加するにつれて、上官たちが許可する以上のドイツの国内状況を兵士たちにはっきり知らせることは有効だと思われた。そしてドイツからのニュースを、たとえばドイツでは発売禁止のパンフレットや新聞からのニュースをもとにして作られたリーフレットが、前線や兵士の宿舎のまわりにばらまかれた。

やがて素晴らしい週刊新聞が発行されるようになった。それはフランス語で書かれた「大空からの通信」という名の新聞で、ドイツ軍が占領した地域に住むフランス人やベルギー人のためであった。この新聞は一時発行が止まったりもしたが、一九一八年一一月の終戦まで飛行機によって定期的にばらまかれた。そしてドイツからの「ニュース」しか手に入らない人々には、大変な価値があった。

一九一七年に、ドイツ軍の戦争捕虜たちからの聞き取り、あるいはさらに秘密の筋からの情報では、このプロパガンダ作戦は大きな成果を産んでおり、英国軍情報部の司令部は、フランス軍司令部と共に、この業務の拡大を働きかけていた。そして一九一八年の春までには月に百万枚のリーフレットが発行された。

飛行機から気球による配布へ

このようなプロパガンダ用の印刷物などを飛行機で配布する仕事は、ある異常な軍事的決定がなければ、もっと簡単だったろう。

この仕事を軍当局が始めた当時、リーフレットは飛行機から投下された。この方法は、最も広い範囲に効果的で、同時に大量のリーフレットを正確に配布する方法として最良の手段だった。

この成功に動揺したドイツ人たちは、この任務に就く飛行士が捕虜となった場合、大変厳しい処罰を与えると脅迫し、また実際に捕虜となった英国の飛行士二名を、脅迫通りの厳罰に処した。これに対して英国当局は、ただちに復讐しようとはせず、脅迫に屈して、配布用の飛行機の使用中止命令を出した。

このような弱気な対処の結果、飛行機の代りを探す実験が始まった。飛行機よりも劣った、いくつかの可能性が考えられた。

たとえば、手投げ弾やライフル発射の榴弾による方法が考えられたが、これは敵軍の限られた範囲内の一定の場所で爆発し、リーフレットをばらまく方法であった。または塹壕に据え付けた迫撃砲もこの目的で使用することも考えられた。

しかし、戦争中の軍事気象科学が進歩し、数カ月もさまざまな方法を研究した結果、特別仕様の気球の利用が考え出された。航空発明委員会、軍用品発明部、H.M.商会の調査団、ロンドン東部ウーリッチの軍需工場、また他の軍事目的用に絹製気球を実験していた陸軍情報省の将校たち、そして各製造業者など全員が陸軍省に協力して、有効かつ「ほぼ失敗がない」と証明された結果にたどり着いた。

設計と一連の装置が、工房や実験室で、あるいはロンドン近郊やサリスベリー演習場の実験場で、さまざまな試験が繰り返された。そしてフランスまで運ばれて、実際の戦場でも試験を繰り返し、徐々に

ドイツ軍の兵士たちへ！

フランス軍がドイツ軍捕虜を射殺したり、ひどい扱いをしているというのは、嘘です。

反対に、捕虜たちは良い待遇を受け、十分に食べたり飲んだりしています。

今のみじめな人生に飽き飽きしている人々はみんな武装を解いて怖がることなく、フランス軍の前哨基地に知らせてほしいのです。

そこでは温かく迎えられるのです。

戦争が終わったら、誰もがみんな再び家に帰ることができるのです。

Deutsche Kriegsgefangene kommen hinter den englischen Linien an, wo sie von ihren Kameraden,

die sie einer guten Behandlung versichern, begrußt werden.

英国軍の前線の背後に送られたドイツ軍の捕虜は彼らの同志に迎えられ、良好な待遇が保証されている。

いろいろな問題点が解決され、細部が最も単純な形へと整理されていった。

この標準型の気球は、週あたり二〇〇〇個の割合で製造されていたが、このプロパガンダ用気球は紙製だった。それは一〇枚の紙を貼り合わせて作られ、首の部分は一二インチ（三〇・五cm）ほどで、油を塗った絹で作られていた。その周りは約二〇フィート（六・一m）、膨らませると高さは八フィート（二m四四cm）以上にもなった。その最大容積は約一〇〇立方フィート（二・八立方メートル）だったが、この気球は容量いっぱいではなく、水素を九〇から九五立方フィート（二・五〜二・七立方メートル）詰めて放出された。

気球の外皮は単なる紙だとすぐに水素が抜けてしまう。ここで一番難しかったのは適切な塗料、つまり航空機の翼に塗るワニスの一種である「ドープ塗料」のような素材を開発することだった。それによって紙の外皮が水素ガスを洩らさないようになる。何回もの失敗を繰り返したが、その製法が開発され、その採用によって、二〜三時間の間は水素ガスが漏れないようになった。さらに三六時間たっても、まだ気球はいくばくかの浮力を保っていた。

気球の浮力は、水素の重さと同じ体積の空気の重さとの差から、気球自体の重量を差し引いたものである。紙の気球の重さは一ポンド（四五三・六グラム）少々だった。どれくらいの浮力が得られるかは、その気球の膨張具合と、その時の気圧や温度によって変化した。

大体の平均では、高度ゼロの地上で考えれば、膨らんだ気球は、五ポンド半（二四九五g）を上げることができた。いろいろ実験を重ね、印刷物とそれを投下する器具の重さは四ポンド＋数オンス（一八一四g＋一四二g）が適当であると決まった。それにより、大きさにもよるが五〇〇枚から一〇〇〇枚ほどの

リーフレットを積めるようになった。そして気球に残された一ポンド（四五三・六g）ほどの浮力が、五〇〇〇フィート（一五二五m）から六〇〇〇フィート（一八三〇m）の高さにまで、気球を急上昇させるのである。

気球が高度を上げると、周囲の気圧が減少し、気球内部の水素が膨張する。初期の実験では、気球を膨らませた後に、さらに上空で膨張できるように気球下部の頸部が縛られ、水素を気球の最大容量の三分の二程度しか入れなかった。しかし、これでは満足な結果は得られなかった。というのは、このような気球は搭載重量も少なく、上空に達して気球内部の水素が膨張すると破裂する恐れもあった。またどこでリーフレットが投下されるかが分からないなどの多くの失敗が起きた。

それよりも、気球をほぼ限界まで水素で膨らませたほうがもっと良い結果となった。気球下の頸部を縛らずに開放して放出したほうがより満足のいく結果となった。気球下の頸部に大きな切れ目を入れるか開放したままのほうが、気球の膨張に従って、徐々に水素が放出されることが実験で分かってきた。

平均で約四〇〇〇フィート（一二二〇m）から六〇〇〇フィート（一八三〇m）の高度で、気球から水素が出はじめて浮力が減少する。その時点から気球はゆっくりと降下し始める。しかし気球に積んだ印刷物の投下はまた別の問題だった。

印刷物を空中から投下する仕掛け

印刷物を空中から投下するため、いろいろ工夫を凝らした仕掛けが、数回にわたって試された。そしてリーフレットを放出する方法として、点火した火縄を使う方法が採用された。それはちょうど火打ち石式のパイプ用ライターと同じような方法で、あらかじめ用意した木綿糸の芯を適当な長さに切って使うものだった。

これは五分間に一インチ（二・五cm）の割合で安定して燃えて行く。これを針金にしっかりと結び付けて、気球下の頸部に取り付けた。火縄の端の数インチ（一二・七〜一五・二cm）の部分は、針金に結び付けないままだった。リーフレットは数個の小さな包みに入れられて、木綿糸で火縄に結び付けられていた。

気球を膨らませ、空中投下用の器具が結び付けられると、端の火縄を必要な長さに、五分とか、一〇分とか、一定の時間燃え続けるように切るのである。そして火縄は、兵士が吸っていたパイプとか紙巻き煙草などによって点火され、気球は空へと昇っていったのである。

積み荷を空中から投下するのは、つまり重りを外すことになり、気球内の水素が減っていくにもかかわらず、長時間気球は空中に浮かび続けて、旅の終着点に達するのだった。

一番よく使われた方法は味方の前線の数マイル（八～九・六km）背後から気球を放出し、敵の前線の背後数マイル（八～九・六km）に渡ってリーフレットをばらまく方法だった。火縄全体は一二インチ（三〇・五cm）ほどの長さで作られていて、全部が燃え尽きるのに約一時間かかった。最初の六インチ（一五・二cm）は、放出する場所や風の強さによって自由に切れるようになっていた。そしてプロパガンダの印刷物は残りの三〇分で燃え尽きる六インチの火縄に二分半の間隔で結び付けられていた。もっと長時間飛ばねばならない場合は、さらに長い火縄に間を離して積荷が結び付けられた。

実験で証明されたのは、リーフレットが四〇〇〇フィート（一二二〇m）の高度から投下された場合の広がりは相当に大きなもので、気球の到達距離は風の強さで

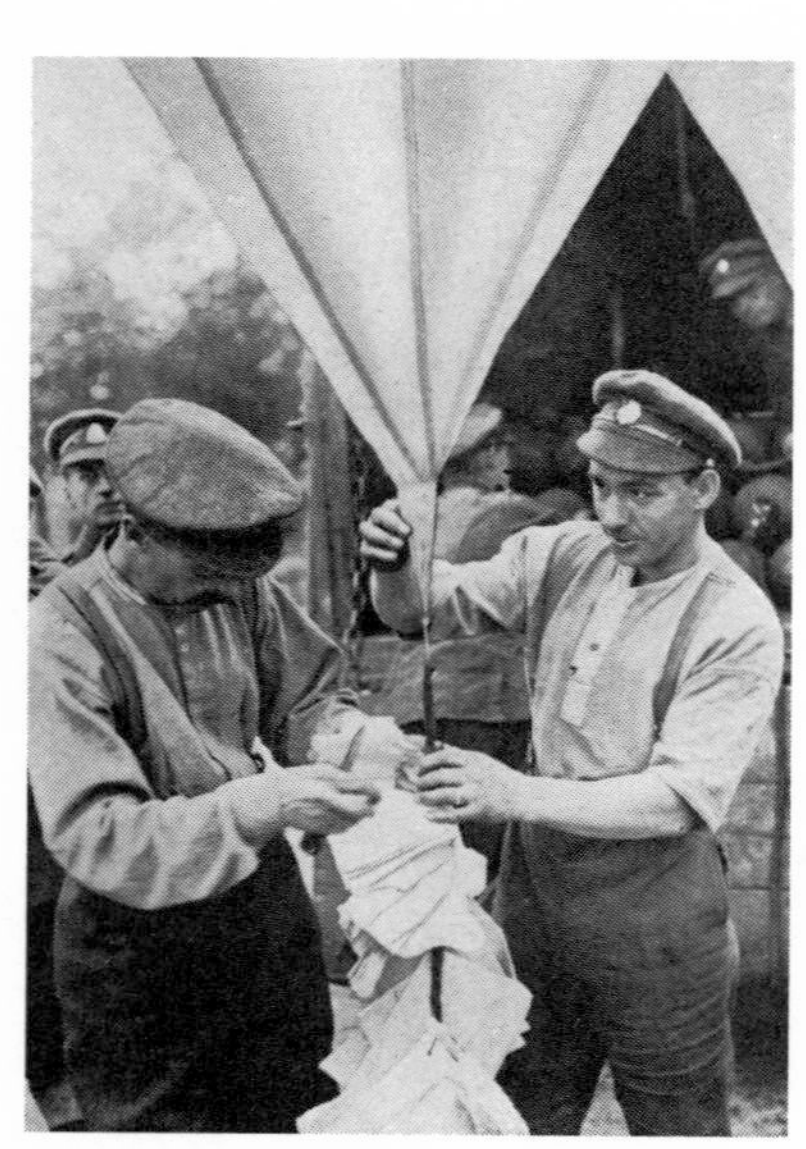

変化したのである。

この配布任務を担当した部隊は、二台のトラックで編成されていた。これで、兵士と水素ボンベ、そして空中投下器具に取り付けたプロパガンダ印刷物の包みを、午前中に担当士官が気象の専門家と打ち合わせの上、あらかじめ選んでおいた風当りの少ない場所へと運んだ。

お互い後ろ向きに二台のトラックを止め、およそ一〇フィート（三m）離した風上に帆布製の仕切りを立て、三面を囲んだ空間が作られる。そして地面に気球が据え付けられ、水素をすばやく注入し、空中投下器具を取り付け、火縄に点火して、気球が放出される。作業は全体でほんの数分しかかからなかった。

気球にどのようなプロパガンダ印刷物が積み込まれるかは、風の向きによって決まった。もし風がベルギーの方へ吹いていたら「大空からの通信」が積み込まれ、もしドイツの方へ吹いていれば、ドイツ軍向けのプロパガンダ用リーフレットが積み込まれた。

気球の紙製球皮を通して水素が抜けないよう、実験を重ねて紙の上塗りが次第に改良され、また、この作戦が平和条約の締結で停止する頃までには、標準型の二倍の大きさの気球の製作で、一五〇マイル（二四一km）まで飛ばせるようになっていた。しかしほとんどのプロパガンダ印刷物は、敵の前線の背後一〇マイル（一六km）から五〇マイル（八〇km）の背後までの範囲に投下された。

幸いにも一九一八年の晩夏から秋の風は、常に気球放出に適した方角へと吹いていた。

対ドイツ・プロパガンダ方針の策定へ

一九一八年二月にノースクリフ卿がこの任務に就いた時は、前にも説明した通りオーストリア－ハンガリーこそが、この作戦の最も緊急を要する戦場だった。クルーハウスがノースクリフ卿の望む仕事に集中している一方、陸軍省は一九一六年から熱心に続けてきた仕事を、彼が引き継いで続けていくことを希望した。

一九一八年五月初旬、H．G．ウェルズ氏は、ノースクリフ卿の依頼を受けて、対ドイツのプロパガンダ関係資料の準備を監督する任務を引き受けた。それには同時にJ．W．ヘッドラム－モーリー博士の協力があった。

最初になすべきは、ドイツへのプロパガンダ方針の決定であった。それは能力の浪費や活動上の不統一を避けるためだった。もちろんこのプロパガンダ方針は、連合諸国の一般的な政策と一致すべきなのは明らかである。ある点では、連合諸国がすでに宣言した目的に沿っていなければならないし、ある意味では先導役として一般的な政策の先取りを行うことにもなる。

この時に、ウェルズ氏はプロパガンダという観点から見た当時のドイツ情勢に関する覚書を準備しようと企てた。ウェルズ氏はこれを、対敵プロパガンダ委員会に提出し、そこで十分なる検討を受けた。彼は覚書の序文を書き、この序文と覚書を解説する手紙を書いて外務大臣に提出し、その内容について英国政府が同意するかどうかを尋ねた。これは以前のオーストリア・ハンガリーへのプロパガンダ方針を策定する場合と同じであった。

このウェルズ氏の覚書は、ちょうどドイツが世界征服の偉大なる企て、また幸いなことに最後の企てを行っていた時に、彼のような心理学の大家によるドイツの同時代的な研究として、大変に価値のあるものである。

この資料は、少なからず歴史的な価値を持っており、その予言はほとんど歴史上実現したもので、急速な時局の進展によって、歴史に組み込まれるものとなった。そして実現しなかった相当の部分は、政府高官の政治的な英知が足りなかったがために達成されなかった。下記がその序文と覚書の内容である。

H・G・ウェルズ氏の覚書――序文

序文：

ドイツへのプロパガンダは、他の敵国に対するのと同様に、連合諸国の政策に立脚せねばならないことは明白である。今まで連合諸国の政策と連合軍の戦争目的は、明確に定義されていなかったため、ドイツ人には理解されないままだった。

連合諸国の真の戦争目的は、敵を敗北させるだけではなく、再び戦争が起きないような世界平和を確立することである。ドイツへのプロパガンダを成功させるには、連合諸国が実現しようとする世界新秩序の定義と、その中でのドイツの地位がどうなるのかを、前もって明確に定義せねばならない。

ドイツ人にはっきりと理解させねばならないのは以下の諸点である。

1、連合諸国の考える平和的な秩序をドイツ人が受け入れるまで、連合諸国は戦争を継続する決意のあること。

2、自由国家の戦闘連合は、以下の内容が達成されるまで、より深まり広がるだろう。そしてこの連合の陸軍、海軍、財政、経済の資源は集約されて、最終的に

a．連合国の軍事的な目的が達成される

b．永続的な基礎の上に、平和が確立される

のである。

ドイツ人の国民性は、特に組織的、系統的な考え方によって影響を受けやすい。彼らは複数の懸案事項を並べて議論し、理解することに慣れている。「ベルリン－バグダッド」とか「中央－ヨーロッパ」といった言葉で代表される理念は、ドイツ人には十分に理解され得るものであるし、現在のドイツの政治的思考の基礎となっている。他の「ベルリン－テヘラン」また「ベルリン－東京」というような言葉で代表される計画も、彼らに知られるようになってきた。

このような考え方に対して、連合諸国にはいまだに世界的な組織の分かりやすく総合的な図式がない。ドイツの戦争目的を明確にした政治学者、フリードリヒ・ナウマンの「中欧論」に対抗する

連合諸国の理念というものが存在しないのである。「中欧」に関して、中立国やドイツの報道は現実的な提案として取り上げることができる。

これに対抗する理念が、すみやかに連合諸国側の有能な文筆家や学者などによって創られるべきである。それがプロパガンダの効果的な基礎となって、おのずから機能していくようになるはずだ。

まず必要なのは、自由諸国連合自体を研究し、その輪郭を現実的に定義することである。現在の連合は、やがて実現される将来の連盟の中核部分でなければならない。敵国や中立国の国民が、連盟の主張を認めると誓うまでは、連盟自体がそういった国民を連盟から排除する強制力を持つと強調されねばならない。また連盟が、原料や資材、船舶などを統制することも強調されねばならない。

敵国の人々と永続的な平和との間を隔てているのは、彼らを支配する王朝、軍部、財閥がもくろむ搾取計画のみであり、それ以外は何もないということを指摘すべきである。連合諸国が計画しているのは、どの国民も弾圧されることなく、正義と公平とを明確に保証された上で、自らの意志による、あらゆる人々の自由を保障することである。

敵国の人々は、連合諸国が描く世界平和の秩序を受け入れないかぎり、彼らがこの戦争による被害から復興し、壊滅的な経済破綻を回避し、長期に及ぶ苦難から逃れることは不可能である。そしてこの戦争が長引けば長引くほど、ドイツ以外の世界は、ドイツに関わるもの全てに向けた憎悪が深まり、たとえ国際的連盟への参加が許されても、ドイツの人々が負う社会的、経済的な障害はより重いものになっていくのである。

連合諸国の最も重要な戦争目的は、連合諸国連盟の利益のみならず、ドイツ人自身の利益ともなるドイツの変革である。ドイツの真摯な協力なしには、大規模な軍縮は不可能であり、軍縮を抜きにして、社会や経済の再建は実行不可能である。それゆえにドイツは、現在の政府組織と政策のまで永遠の破滅を選ぶか、あるいは連合諸国の新世界建設に参加できるように、軍国主義的な社会制度を廃して、経済的、政治的な復興の可能性を手にするか、そのどちらかを選ばねばならないのである。

H・G・ウェルズ氏の覚書——本文

中立国と敵国に向けた連合諸国側のプロパガンダを効果的にするには、連合軍の完全かつ明瞭な戦争目的の宣言が、絶対に必要なことがはっきりしている。必要なのは、権威ある当局の宣言、文書、あるいはそれに準じたもので、プロパガンダに従事する人々が、常に確信をもってそれを活用し、行動の基準となるものが必要なのである。ドイツの罪を列挙することやドイツを敗北させることが連合軍の戦争目的だ、と断言するだけでは不十分である。

全世界が知りたいのは、戦争の後に何がどうなるかである。ドイツの真の戦争目的は、単なる勝利ではなく、この勝利からもたらされる平和の実質をドイツがどのように考えているかが少しずつ分かってきた。では、連合諸国が求める平和とは、どのようなものだろうか。

ハンガリーの土地を持つマジャール人やトルコ人、またブルガリアの王などに援助されて、他の全人類に対して挑むドイツの軍事的な侵略に対抗することが、連合国側の第一目的であるとするのは余計なことであろう。

今次の戦争は、戦争に抗する戦争、侵略的な戦争に抗する戦争、侵略的な戦争準備に抗する戦争である。それは戦争初期もそうだったし、現在でもその意味は変わっていない。

しかし、各国政府や連合諸国の国民がドイツに対して持っていた考えは、戦争中の何年かで大きく変わっていった。今あるような政治的分裂や断絶が人類にとって危険だ、と徐々に深刻に認識されるようになった。戦争の苦悩、破壊、消耗について大いなる体験を得たのである。また征服、併呑、服従に抗する良心が沸き起こってきたのだ。また組織的な世界平和を妨げていた概念が、広く一般に払拭されるようになった。

ドイツ帝国主義というものを、人々の信望を集める指導者の言葉や、ドイツ東部戦線おける一時的に瓦解した州でのドイツの行動から判断するならば、ドイツ帝国主義はまだまだ昔と変わらず、野蛮で、攻撃的で、不誠実である。

一方、ドイツに敵対する人々の心は、多くを学び、成熟してきた。ドイツ、オーストリア・ハンガリー以外の諸国では、ドイツの貴族階級や搾取する権力を獲得しようとする高慢な意志がみすぼらしく映るような、世界平和を求める意志が巨大な潮流として興りつつある。それは利己的で強情な青二才の意志に抗する、経験を積み重ねた人間の意志のようなものである。

反ドイツの連合諸国の戦争目的は、共通した法を維持するために連合した諸国家の世界という形をますますはっきりと取りつつある。それは、相互の意見の違いが生じた場合には、最終的な裁決を行う法廷に持ち込み、脆弱な社会共同体を保護し、戦争の脅威や戦争に向けた準備を地球全体として抑制し沈静化するものである。

ドイツ帝国主義の支配を受けない、世界の偉大なる国民たちは、全員一致して、彼らの道を確固として進んでいる。一方ドイツを支配する知識階級は、征服による卑しい利益を獲得しようと目論んできた。そして彼らはロシア人の考え方を蝕み、困惑させ、堕落させ、オーストリア・ハンガリー帝国主義によって虐げられた人々を叩き潰し、中立国を脅迫し、甘言で釣ろうとしている。

しかしその間に、彼らに敵対する連合諸国の人々の中には、人間の問題について、より偉大で、より高貴な一面を知ろうとする自由で大いなる運動が起こっていた。世界中の人々の考えは、今や「自由な諸国家の連盟」という言葉に結晶している。連合諸国の戦争目的は、このような精神と意味に、より明白に結び付いているのだ。

「自由な諸国家の連盟」という言葉は、そういう言葉によくあるように、細部については、さまざまな解釈をされがちだが、その大まかな意味は、異議を申し立てられる懸念もなく、ここに述べることができる。

もちろん理想は、軍事的攻撃性を取り去ったドイツをも含めて、地球上のすべての国を含むであろう。それが、国際法を改訂し、編纂し、修正し、拡大するある種の国際議会に参加するのだ。この国際議会のもとで、軍備の管理、制限、用途が指導される。またここには最高の権威を有する裁判所が設けられ、その判決を連盟が誓約した上で実行するのである。

このような国際議会は、未開の無秩序な地域への、法をないがしろにして競合する「領土拡張主義者たち」の蠢動を抑制し、脆弱な民族や社会共同体の守護者となり、輸送、関税、原材料の入手、移住などの一般的な国際的交流上の諸問題に決定を下す権限を持たねばならない。

この議会の構成がどうなるかは、まだ未確定なままだが、世界の最も優れた思想家たちが現在この問題に取り組んでいる。しかし、そのような国際議会が設立される見込みさえあれば、連合諸国のいくつもの大帝国は人類共通の利益のために、軍備に関することや、熱帯地方の領土とその人々を正しく寛容に統治しようとすることに、疑いの余地がない。

高慢で利己的、偏狭で憎悪に満ちたドイツ帝国主義が、ヨーロッパ全土で見せつけている血生臭い恐怖の舞踏は、行き過ぎた国家の虚栄心、利己主義、帝国主義的プライドが、いかに人間性に相反するかという実例である。

連合諸国の中の、二つの主な帝国は、支配する領土の大きさからみれば英国とフランスであろう。そしてこの二つの国はどちらも、帝国主義的な領有を、その住民や、また全人類から委任されているという自覚が、従来のどんな時代よりも強くなっている。そして資源に恵まれながらも、また人口の少ないこのような地域における自らの立場を、彼らは委任統治と考えている。このように彼らが考えているのは、この偉大で、多様な帝国に属する人々が、解放されて自由になり、完全なる世界市民となる可能性と期待のあることを明白に示している。

しかし「国際連盟」という言葉を使うに当たっては、無責任な人々や階層が、こういった連盟の複雑な組織や構造を、試験的に考えてみた場合に生じうる誤解を払拭せねばならない。

例えば、世界調停裁判所について、ある提案が公に出版されているが、その中では、各主権国家は代表一人を出すことになっている。言い換えれば、モンテネグロも一票、大英帝国も一票である。他にも国際連盟の議会について討議された提案では、ハイチやアビシニアといった国は一人か二人の代表で、フランスや大英帝国は五~六人の代表となっている。連合諸国の責任を担う人々が「自由国家連盟」という言葉を口にする時は、上記のような提案は念頭から忘れ去るべきだろう。

上記のような提案をした人々は、最も明白な、ある考察を見落としているからだ。例えば、小国が連盟議会に代表を多く出しすぎた場合、明らかな不利益となるのだ。そのような小国は、投票権を持たないほうが良いかもしれない。その理由とは、ある大国が侵略的な意図で攻撃を始めようとした時、その近隣の小国に、実質的にはその大国が選んだ代表を出させようと圧力をかけるのは確かだろう。

現在の世界平和の状況を大まかに描くならば、五、六カ国の大国だけが、現在の条件下で戦争を遂行できる十分な経済的資源を有している。その国々はアメリカ合衆国、英国、フランス、ドイツ、日本、そして若干疑わしいがオーストリア・ハンガリー帝国である。イタリアは、石炭の供給がないので、不利な状態にある。これら力のある五、六カ国が戦争を起こしたり、防いだりできるのだ。

彼らは現在、世界平和の後見人であり、これらの国々が世界連盟議会の設立において、現実的により優位な立場を求めることを予測しないとすれば、それは空論であろう。同時に発言権はあっても、連盟の決定に投票権を持たない小国は、当然ながらその決定の実行に際して力を貸す必要はない。

けれども世界議会の構成にかかわるこの問題は、大国で戦争を行い得る国と、弱小な国とに世界の国々を大まかに分類するだけでは解決できない。

イタリアの例を取れば、イタリア一国では世界に対して戦争を行う国力はない。その理由は、石炭の供給を他国に仰がねばならないからだ。しかし同盟を結ぶ国としては非常に重要なのである。

またスペインの場合も、これとほぼ同様だ。ラテンアメリカが現在保持する軍事力はどうであれ、国家の集合体としてのラテンアメリカの力は、将来の世界的な枠組みの中では、大変重要な意味を持つ。

また中華民国の石炭、鉄、また膨大な工業に関係する人口の可能性も考えねばならない。

さらに来るべき東欧の再建とロシアの復活によって、強固な結びつきとはならないまでも、集団としては意味の深いスラブ諸国連盟が形成されるだろう。

大国が触手を伸ばし得る領域内にある孤立した小国、例えば人口五〇〇万人からそれ以下の国家が、世界議会に代表を出す際には、難しい問題が起こるであろう。弱小な国が人種的、言語的、歴史的に近い関係のある国々と連合すれば、世界議会において小国を十分代表することが可能になるはずだ。

連合諸国の意見は、ペルー、ウクライナ、ノルウェー、フィンランドといった小国が、アメリカ合衆国または大英帝国という大国と同じレベルで国際連盟の議会に代表として出ることではない。しかし世界議会で共通の考えを意見として発表できるラテンアメリカ連合、スラブ連合、スカンジナヴィア連合として、彼らはそれ相応の代表として世界議会で発言できるのである。

H．G．ウェルズ氏の覚書――国際連盟の組織について

今次の戦争で素晴らしい功績を残したという理由で、また特別な要求が存在するために、（物質的な富や人口の多寡で定められる割合以上に）多くの代表を連盟議会に送る権利のある国があるとすれば、それは明らかにフランスである。

またイタリアには、スペインとは異なって、国外に同じ民族からなる国がないため、割合より多い代表者を議会に送ることが許されるべきではないかという意見もあるが、これには疑問が残る。

大英帝国については、真の意味での帝国全体としての立法府がないので、カナダ、南アフリカ、オーストラリアなどの大英帝国の海外領土が、別々の国として代表者を送るべきかどうかも、熟慮する必要がある。

英国、フランス、ベルギー、イタリアが、アジア、アフリカ地域に所有する植民地は、自らの政府を持たないため、現状はそれぞれを統治する国の任命する人物で代表されるべきだろう。

これらはあくまでも私の考えを示す提案に過ぎないが、この提案について連合諸国はできるかぎり早急に結論を出さねばならない。国際連盟議会に課せられた問題を連合諸国が遅滞なく解決することは、今次の戦争を効果的に指導するのと同様に、連合諸国にとって重大な課題である。

国際連盟という組織は、いかなる国といえども連盟議会の命令のあるなしにかかわらず、国の併合や軍事的干渉を防止する。連盟は直接、または間接的に、あらゆる不安定な地域の保護者となり、現在のメソポタミアやアルメニアのような、荒廃した地域での秩序を保ち、発達を助長する役目を担う。

このような場合、一つの国を連盟の代表として活動させるべきか、または連盟全体の指揮下に、国際的な力として行動させるべきかは、よく考慮する必要がある。理論上では国際的な機関を通す後者が望ましいが、実際問題として連盟の代表として動く一国とした方が、多くの場合、種々の利点が生じるのである。

実際のところ連合諸国は、今次の大戦を通して、合同して物事に取り組み、協同して行動する有益な経験を積んだ。世界大戦が開戦した一九一四年八月以来、国際主義についての偉大なる教育を受けてきたのである。

しかし、国際的な組織が真に実現するのは、戦争が終結して、相当の時日が経過した後になるだろう。しかし連合諸国によって協同政策が明確かつ公然と管理されていく場合には、国際的な力が最終的な目的へと向けられていくのである。

H・G・ウェルズ氏の覚書──終戦後の領土の調整

連盟を実際の政治に関与させることは、終戦後の領土をどのように調整するかという問題に深遠な影響を及ぼす。

連盟諸国はアルザス－ロレーヌ地方の問題について、名誉にかけてもフランスの意志に従わねばならない。

イタリア国境の修正について、現在オーストリア支配下にあるイタリア語を話す人々の大部分をイタリア本国の国民と同じ境界の中に居住させるようにすることも、世界平和のために必要な要件であろう。

しかし連合諸国の戦争目的から言えば、ある領土の支配権が、ひとつの交戦国グループからもうひとつの交戦国グループへと移ることは、それほど大きな問題ではない。それよりも現在のドイツ帝国主義によるポーランド人、ロシア人、ウクライナ人、チェコ人、ユーゴ・スラヴィア人、フィンランド人、ルーマニア人に対する実質的な支配を中断させるほうがはるかに重要である。

東部ヨーロッパでの連合諸国の戦争目的は、現在のオーストリア・ハンガリー帝国のかわりに、連合した諸国のより大きな統合を図ることである。この統合とは、国際連盟内の「東部中欧連盟」というような性格を持ち、おそらくポーランドから黒海、アドリア海に至り、ダンツィヒ（**訳注**：現在のグダニスク）におけるバルチック海の沿岸に、港湾は持たないにせよ、その海岸線を含むような連邦を意味している。

連合諸国は、現在のロシア情勢の進展を待たねばならない。しかし連合諸国の希望や努力は、少なくとも大ロシア、シベリア、ウクライナの諸国を和合させて、国際連盟内のひとつの連盟とする方向へと向けようとしている。

フィンランドをどう分類するかを考えるのは時期尚早である。もしドイツが北欧諸国の政治的な弱点に乗じようとする、熱烈で実現不能な野心を放棄して、自由で合同したドイツとなるならば、自由国家連盟への加入が許されるだろう。

連合諸国は、アフリカにある旧ドイツ領の植民地を、ドイツに無条件で返還するのではなく、北はサハラ砂漠から、南はザンベジ川に至る間で、アフリカ全土を主宰する国際的な政体を作ろうと考えている。それによって軍縮、教育制度の改革、そして連盟内部の全ての国々に、完全に平等な貿易上の自由を与えるよう計画している。

このような連盟のもととなる国際的な政体とは、連盟に参加する国々の以前の「植民地」を、その国々のもとに返還することとは相容れないかもしれない。

H．G．ウェルズ氏の覚書——終戦後の世界再建と軍縮

連盟諸国にとっては、領土の境界を正確に定めるよりも、軍縮に必要な共通組織を設立し、戦争の被害から回復する共通の努力を推進する方がさらに重要である。交戦国のアメリカや西欧のように、まだ生活が比較的安泰な国の人々には、戦争の意味は十分理解されていない。

世界中の多くの地域で、特に東欧では、政治的秩序のみならず社会秩序までもが破壊されている。かくも無秩序に陥った地域では、平和が訪れても、彼らが以前のような生産性を回復するまで、何年もかかるだろう。労働力だけでなく、平和に必要な輸送力、機械設備の欠乏は避けられない。

その上、大英帝国やアメリカ合衆国の港湾での規制が、戦後いかなる目的があろうとも、ドイツの船舶輸送を使用しないこと、またドイツからの輸送に連合国側の船舶だけを使うように限定することは、双方ともに甚だ困難である。たとえ連合国や中立国の船員や輸送業者が、ドイツ海軍の無法な無差別潜水艦攻撃に憤慨していても、である。

さらに、戦後のドイツに対して復讐的な貿易を行うべしという世界的な声が上がっており、戦後の世界経済復興の過程の中で、ドイツに対する組織的なボイコットを求めている。

このような「復讐」運動の恐ろしさと、民主的な国々でそれを規制する難しさを、ドイツ国民が十分理解しているかどうか疑問である。ドイツ軍国主義政府は、生存のために戦っている国民に、ドイツの貿易や工業を排斥しようとしている世界的な傾向をあらゆる手段を使って隠そうとしている。平和が来れば「ビジネスはいつも通りに戻る」という馬鹿げた希望で喜ばせている。しかし現在のドイツ政府がある限り、そのような経済的復興は難しいということを直視せねばならない。

「戦争終結後の戦争」というものが、ロシア、ベルギー、その他の国々における経済破壊に加えて、戦争後の予測される状況として起こりうるだろう。このような物資についての無秩序が起こり得るという明らかな予想を考えても、世界中が戦後の再建に専念できる平和を、悪意や敵意を抜きにして、人々の信頼で確立していかねばならない。

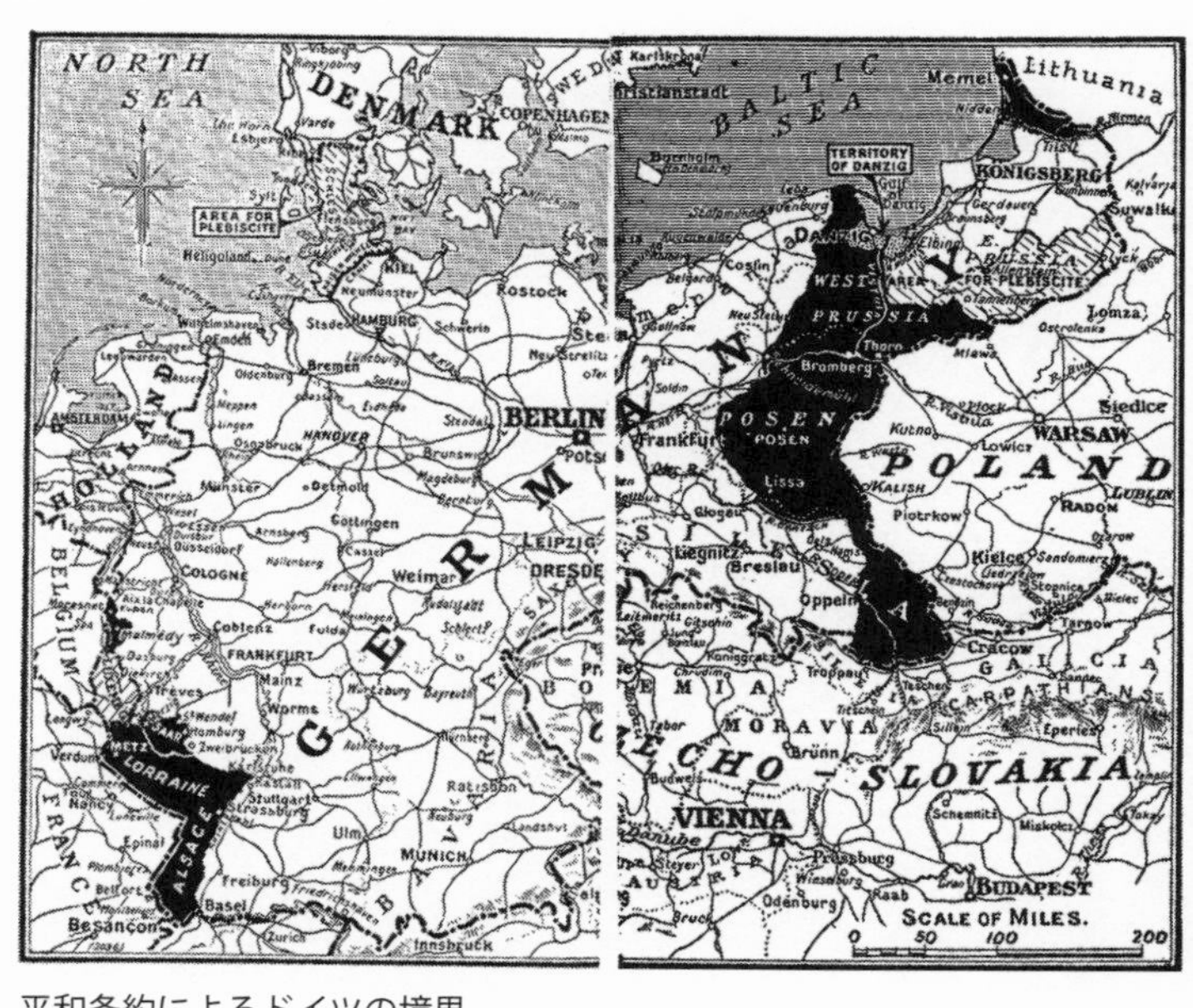

平和条約によるドイツの境界

しかし、物質的破壊、混乱、そして悲しむべき無秩序に加えて、この数年間の財政状態はインフレを呈している。ここで全ての強国が行動を起こし、通常の経済状態の回復に努めない限り、世界の金融上の信用が失墜するかもしれない。

　もし国際連盟が設立されないと、各国は依然として軍備を整え続けねばならない。軍備という重荷を背負いながら、絶え間のない敵意、陰謀、紛争の真っただ中で、経済的な課題に直面するとしたら、各国の前途は絶望的といっても過言ではない。このような結末を我々は慎重に考慮せねばならない。

　現在ロシアで起こりつつあることは、やがて世界各地で起こるであろうことの最初の例に過ぎない。国際連盟が実際に設立されなければ、我々の文明は政治的、社会的崩壊に向かって没落の一途をたどるであろう。それは古代ローマ帝国の崩壊以来、世界が経験したことのないものとなるだろう。

ゆえにドイツも国際連盟に加入して、軍備縮小と世界の再建へと真摯に協力することが根本的に必要である。それ以外、現時点での合理的な政策はありえない。ベルギーを破壊し、ブレスト・リトフスク条約を締結して、ウクライナを裏切ったドイツから、そのような支援や協力を求めるのは不可能である。それゆえ現在のドイツを改革することが第一の戦争目的、すなわち連合諸国の最も重要な戦争目的なのである。

いかにしてドイツを改革するかは、複雑な問題である。おそらく「革命」という言葉には賛成できないだろう。例えるならば、我々はドイツのボルシェビキ的な崩壊を望まない。そのような崩壊が起こると、ドイツは経済的に人類にとって無用な存在となってしまうからだ。それゆえ我々は、ドイツの農民や労働者に向けてではなく、かなり教育のある普通のドイツ人に向かって、文明の再構築についての協力を求めるのだ。

ドイツには変化が起こらねばならない。それは、政治を司る精神において、指導する人々において、国内のさまざまな階層の人々への影響力において、ドイツは変わらなければならない。我々のあらゆるプロパガンダ活動と公的な発言によって、ドイツと現在のドイツ政府との間には鮮明な差異があることを述べなければならない。

また、連合諸国の政治家たちは、アメリカ合衆国やスイスに住むドイツ人、あるいは中立国に住むドイツ人を経由して、率直で啓発的なプロパガンダをあらゆる手段で訴え続けねばならない。それはドイツの貴族階級であるユンカー（訳注）にではなく、冷静な人々に訴えねばならない。すべてのドイツ人はユンカーのような保守的、指導階級的な性格を持っていると考えがちだが、彼らもまた潜在的には合理的な人間であることを覚えておかねばならない。

H．G．ウェルズ氏の覚書——ドイツの貴族階級、ユンカーに対して

そして現在連合諸国の急務は、全精力を傾けてユンカーのドイツと戦い、それを打ち破ることである。ユンカーのドイツによる勝利は不可能だが、世界全体を衰亡させる怖れがある。連合諸国は、戦線ではドイツの軍隊と戦い、頑なに変わろうとしないドイツに対しては経済的、政治的に戦わねばならない。またドイツ国内の知性や良心を持つドイツ人たちには、徹底的な空からのプロパガンダ戦を繰り広げ、ドイツ人の多くが教え込まれてきた国家的なプライドと攻撃的精神は、不合理で不可能だと知らしめねばならない。

この覚書はクルーハウスのプロパガンダ戦計画の基本として使われた。ノースクリフ卿はその後、外

訳注　ユンカー
エルベ川以東の大土地所有者であるプロイセンの貴族をさす。高級官僚や上級将校を輩出し、専制君主と結んで、プロシア絶対主義を支える支配的階層を形成する。一九世紀後半のドイツ統一後は政治的立場を強め、ドイツ帝国、ワイマール共和国時代を通して、保守勢力の中心となった。

務大臣のバルフォア氏に手紙を書いて、その中に七つの重要な項目を要約してまとめている。その内容は以下のとおりである。

H.G.ウェルズ氏の覚書を要約した、ノースクリフ卿から外務大臣バルフォア氏への書簡

ドイツに対する英国のプロパガンダ計画の概略――これは同時に連合諸国の計画でもありますが――をここに提出いたします。このプロパガンダ計画は、具体的な政策として、連合諸国が賛同する戦争目的と一致していなければなりません。

1. あらゆるプロパガンダの目的は、戦争で勝利を得ようとする敵の意志を弱めることです。そのためには、連合諸国の最終的な目的と、また連合軍が勝利した時点で、その勝利をどう利用し、どのように行動するかを、敵にはっきり示すことが必要です。なぜならドイツ人は、この点に最も関心を持っているからです。

もちろん我々は、連合諸国の戦争目的を、ドイツ国民にどのような影響を与えるか、だけで決定してはなりません。しかし一方で、連合諸国が得ようとも思わない目的を、プロパガンダの目的として発表することも明らかに望ましくないのです。私が思うに、連合国の戦争目的が、望ましい形で発表されたなら、「ドイツ国内の戦争に反対している要素」をより強化できるのです。

2. 私が入手した情報によれば、ドイツの国内状況について目的遂行に最も重要な点が二つあります。

a. ドイツ国民は全体として戦争終結を何よりも望んでいるという明らかな情報があります。彼らは、連合諸国の国民よりも苦しんでいて戦争に倦み疲れています。彼らが、現在の攻撃を黙々と続けているのは、彼らの指導者たちが速やかな平和のためには、これこそが唯一の方法だと信じ込ませているからです。

連合諸国は何が何でも、たとえドイツの軍国主義が成功を収めるとしても、この戦争を継続するという断固たる不変の決意を知らせる必要があります。それゆえドイツの軍事的な成功は、彼らが求めるような平和をもたらさないことを知らしめる必要があります。また貿易上の封鎖という無慈悲な政策をも継続する覚悟があるとはっきり知らせねばなりません。

b. これと並行して、我々にはもう一つ、彼らに伝えるべき重要な内容があります。ドイツ政府の主たる政策の一つとして、もし連合軍が勝利し、その希望通りの平和を回復することは、ドイツ国内が荒廃し、ドイツの家族は仕事も金も食糧もない状態に陥るだろうと信じ込ませています。

これに対して我々はそのような結果が起き得るかもしれないが、これもまた避けることができるとドイツ国民に印象づけることが必要です。もしドイツ政府が、他のヨーロッパの自由諸国を服従させ、支配すると明言する計画を続行するならば、そのような事態も起こりうるでしょう。しかし、ドイツがそのような支配計画をあきらめ、連合国の新しい世界の再編計画を受け入れるなら、そのような結末は避けられるのです。

このようなaとbの二点を、切り離して考えてはなりません。まず最初に恐怖の要素を与えて、次に希望の要素を与えるのです。

3．最初の点について、我々に難しいところはありません。我々は国民も政府も一致していると、全面的に確信して進んでいけます。

二つ目については、閣下のご指導とご支援をお願いする次第であります。今まで、連合諸国の政策と戦争目的の定義は非常に漠然としていたため、ドイツ人には十分理解されていませんでした。この一貫性の欠如をドイツ人は目ざとく利用してきました。それのみならず、ドイツの文人、知識人たちは、我々の戦争目的とは、彼らドイツが持つのと同じ帝国主義的野心から、過去の戦勝国がしばしば得ていた賠償金や領土の併合を含んでいると、偽って発表しています。

私は連合諸国の真の目的とは、ドイツを敗北させた後、人類が将来を見通せるかぎりにおいて、再び戦争を起こさない世界平和を確立することだと確信しています。

ゆえに、連合国が当然主張せねばならないそれぞれの目的、たとえばベルギーの復興、アルザス－ロレーヌ地方の解放、メソポタミアとパレスチナにおける近代的な政府の樹立などは、将来の戦争の火種を回避する、世界政治の基盤ともなる政策にもとづいたものとして、それにふさわしい場で発表されねばなりません。

4. このような計画は全て、事実上の「自由諸国連盟」の設立を意味しています。もしドイツがこのような連盟設立の原理を認めるなら、ドイツもまたこの連盟への加入が認められるだろうと、私は考えております。

ドイツが連盟に参加することは、連合諸国がドイツに対する悪意を持って、資源や物資の独占はしないという保証にもなります。それゆえ我々の平和条件は、ドイツが連盟の一端を担うことで表わされると言えます。ドイツが経済的な利益を確保するには、政治的条件を受け入れねばならないのです。

もし、これが正しければ、プロパガンダの仕事は非常に軽減されます。なぜなら、我々の目的を、単に敗戦国に押し付ける条件としてよりも、ドイツ国内の中道派の人々にある程度受け入れやすくする方が、容易なのであります。

5. しかし、こうして行われるプロパガンダは、連合諸国政府の公的な権威ある声明で支持されないかぎり、役には立ちません。

さもなくば我々のプロパガンダの目的は、ドイツを欺いて、平和の回復と同時にドイツが全てを放棄せねばならないように強制し、プロパガンダの目的が達成されるや否や、その理想は放棄され、弱小国におとしめられたドイツは、アングロ・サクソン諸国連合が永遠に政治的劣勢の地位に押し込めようとすることと対峙しなければならない、と思うことになってしまいます。

6. 私の知るかぎり、英国政府も連合諸国も、このような宣言はいまだ出しておりません。ゆえに、ここで私がお願いしたいのは、我々が英国国王陛下の政府の支持を全面的に受けていることを念頭に置いて、プロパガンダ事業に取り掛かれるように、閣下からのご支持をいただくことなのです。もし英国政府自体が、連合諸国と協力して、この問題の解決に即刻着手すべく、研究していることが分かれば、我々の意欲は盛り上がり、大いに励まされます。

7.「自由諸国連盟」という概念を公式に表明するには、数多くの現実的な実務上の課題が起きることを、私はよく承知しております。しかし我々の仕事の目的には、こういった宣言ができるかぎり速やかに発せられることが、もっとも肝心であります。

ドイツ人に向けたこのような宣言は、その中に示された条件のもとで、ドイツに平和をもたらすことになるからです。もしこの宣言が承認されれば、戦争の終結後ほどなくして、ドイツは世界諸国の新しい社会に参画できることになり、もしこれを拒めば、戦争は継続していかざるを得ないのです。

しかし、戦争終結後にドイツ人が、この社会への参画が許されるのは、ドイツがこの戦争を継続したのと同じくらいの時間を必要とするのは、やむを得ないのであります。

ノースクリフ卿の補足の書簡

右記の手紙について、外務大臣バルフォア氏は、質問を書き送った。寄せられた質問に対して、ノースクリフ卿は補足する手紙を書いて、ドイツの植民地に関するプロパガンダ政策に言及している。次の部分はその抜粋である。

私は、ドイツの植民地が陸軍力、又は海軍力によってドイツの支配下に置かれることが二度とあってはならない、ということ以外には、確固たる意見はありません。

しかし、私の考えの概略は次に述べるものです。連合諸国のドイツについて見方は、ドイツがこの大戦の責任者である、ということに尽きています。

ゆえに連合諸国は、平和回復の予備条件として、ドイツに損害補償、賠償、保証を求める資格があります。連合諸国が正当な自己防衛によってドイツから奪った領土と、ドイツの同盟諸国が侵略的攻撃で奪った領土とを、同等に考えてはなりません。この種の領土の交換を考慮するのは、ドイツと連合諸国の道徳についての考え方が、同一視されてしまうことを意味します。

ですから、ドイツ植民地の数々の問題をいかに深く研究しても、最終的にこの難問を解決するのは、自由諸国家の戦う連盟としての取り扱いだけが解決できるのです。ドイツの行動がいつの日か世界再構築の行動に加わることを許されるならば、その解決は一般の国際連盟の努力に待たねばなりません。

プロパガンダの基本方針とウェルズ氏の活動

これらの手紙に書き記された政策が、プロパガンダの基本として政府の承認を得た。そして、ウェルズ氏は彼の事業をいろいろな方面に伸ばしていくことができた。

彼はまた英国や海外にあって、国際連盟の設立を促進すべく努力し、さまざまな団体と緊密な関係を保っていた。スティード氏と共に、ウェルズ氏は英国における国際連盟協会の目的を修正したり、連盟の計画から派生するさまざまな問題を研究する新しい団体の組織化を手伝っていた。

このような活動はドイツ人の注目を常に集めていた。というのは、この設立に対するドイツの意向としては、将来におけるドイツの孤立化と、その結果発生するはずの経済的な不利益をこうむる脅威であり、また国家規模での懺悔を促すものとしてとらえられていたからである。

次に彼が取った行動は、ドイツ人労働者へ訴えかけようとするものだった。このためにウェルズ氏は、他にも活動した中で、英国の労働者を対象とした、戦争目的とは何かをまとめた短い簡潔な概要を出版するように尽力した。これは結果的にはドイツのみならず、オーストリアにおいても大きな効果を上げた。

戦争中、そして戦後の経済状態を、ウェルズ氏と彼の同僚たちは組織的、科学的に研究した。その目的は、ドイツにおける経済上の障害とそれについて述べるプロパガンダを引き受けるためだった。もしドイツが戦争に敗れた場合、商業は衰え、船舶や植民地を失うとの予測がドイツ国内の商業界にあり、不安の念が少なからずあったからである。ここは、ドイツ人が戦争の継続に固執すればするほど、損害や苦難が多くなるとドイツ人を説得する好機となった。

一九一八年七月、残念ながらウェルズ氏はドイツ部の指揮を続けられなくなった。彼の辞表を対敵プロパガンダ委員会は承認した。しかし、彼はその後も委員会のメンバーとして留まった。ウェルズ氏の後任としてハミルトン・ファイフ氏が任命され、最後までこの重要な地位で働き続けた。すでに確立された方針によって、ファイフ氏は業務を進展させていったのである。

クルーハウスと軍情報部との密接な関係

ウェルズ氏の任命以来、クルーハウスと軍情報局の対敵プロパガンダ部は密接な関係を保っていた。一九一八年七月、ノースクリフ卿は陸軍大臣に手紙を書き、熟慮を重ねた彼の見解を述べた。それは英国の対敵プロパガンダに携わる各部門は、技術的にも、プロパガンダ制作物の内容的な矛盾を避けるためにも、できるかぎり密接な関係を保つのが望ましいということだった。

ノースクリフ卿は、陸軍少佐ケリー伯爵経由の、陸軍省の対敵プロパガンダ部門との間に培われた密接で友好的な関係を歓迎していたが、今やすべての制作業務はクルーハウスに集約すべき時が来たと考えた。

この配布作業は、それまで軍当局によって見事に組織化され遂行されてきた部分は変わらなかった。そして後に言及する「優先」リーフレット以外のその他多くの印刷物は、ノースクリフ卿のために陸軍省で作られていた。

ノースクリフ卿は、西部戦線でのプロパガンダの規模拡大と集中が必要だという観点から、これについて急ぎの検討を求めた。

ミルナー卿は、この組織再編に賛成し、民間の優秀な科学者としてよく知られ、対敵プロパガンダ部門の将校として活躍していたP．チャルマー・ミッチェル大尉をクルーハウスに転任させた。彼の転任は非常に価値あるもので、彼の経験、知識、助言は実務的で大いなる貢献となった。またチャルマー・ミッチェル大尉は、ケリー卿の後任として陸軍省、王立空軍との連絡将校としても働いた。そして、ハミルトン・ファイフ氏と共に、プロパガンダの制作、配布の調整を行った。

このような作業の集中化から、すぐに良い結果が生まれた。プロパガンダ事業が動き始めた当初は、プロパガンダ用の文章が書かれて、配布されるまでに時間がかかったため、リーフレットの内容が時期を失することもあった。この欠点はリーフレットを二種類に分けることで克服された。ひとつは「優先用」リーフレットでニュース的な性格を持つもの、もう一つは、さほど緊急を要しない「通常用」リーフレットとしたのである。

「優先用」リーフレットには予定時間表が作られ、その制作に関わる過程、文章制作、翻訳、印刷、フランスへの輸送、配布の時間が割り当てられ、それがぎりぎりにまで縮められた。ハリソン&サン印刷会社と、リーフレットを放出する器具を気球に取り付るガメージ社の協力で、文章が書き起こされてから、このようなリーフレットがドイツ人の手に渡るまでが、ほぼ四八時間以内で可能になった。

週に三回、このような内容のリーフレットが一〇万部以上、つまり「優先用」リーフレットがクルーハウスからフランスに急送され、すぐドイツに向けて放たれた。

このような「スピードアップ」は、戦争が最終段階に入り、戦局が急速に動いていた時、非常な重要性を持ったことは明らかだった。

ドイツ側の動揺

一九一八年の六月には一六八万九四五七部、七月には二一七万二七九四部が、ドイツとの前線とその周囲に落とされたリーフレットの総数である。八月には一日平均一〇万部にも上り、実際に対敵プロパガンダ局で発行されたリーフレットの総数は、八月には三九五万八一一六部、九月には三七一万五〇〇〇部、一〇月には五三六万部であった。休戦条約が締結され、この活動が終結する直前の一一月は、最初の一〇日間に一四〇〇万部が放出された。そしてドイツ国民は非常に動揺したのである。

あるドイツの作家はこのリーフレットの洪水を視覚的に表現して「神の創りたもうた清らかな空から降り注ぐ英国の毒」だと形容した。ヒンデンブルク元帥（**訳注**）は彼の自伝『私の一生より』（カッセル社刊）で、このプロパガンダがドイツ人の士気を沮喪させる過程を早めたと認めている。「これは新しい武器だ。この武器は過去において、かくも大規模で、かくも無慈悲に使用されたことがない」と書いているのである。

訳注　ヒンデンブルク元帥
パウル・フォン・ヒンデンブルク（一八四七〜一九三四）ドイツの軍人、政治家。第一次世界大戦のタンネンベルクの戦いでロシア軍に大勝利を収め、ドイツの国民的英雄となった。大戦後期には参謀総長となり、ルーデンドルフと共に軍部独裁体制を敷いた。戦後、ドイツ共和制第二代大統領に当選。アドルフ・ヒトラーを首相に任命し、ナチス政権樹立への道を開いた。

Was die Verbündeten gewonnen haben.

Wieder auf der Linie von vorigem März

Das ganze Gelände ist von den deutschen Heeren zwei Mal gewonnen und zwei Mal verloren worden Wieviel Blut ist vergossen und wieviel Elend verursacht? Zu welchem Zwecke? Denkt darüber nach!

1011

Weitere Erfolge der Entente; der deutsche Rückzug dauert fort.

Während der vergangenen Wochen ist westlich von Cambrai und St Quentin gekämpft worden, der Kampf erreichte einen Grad der Heftigkeit, der dem irgend eines Kampfes im Verlauf des ganzen Krieges völlig gleichkam

Gleichzeitig wurde von deutscher und von englischer Seite angegriffen; auf beiden Seiten wurde mit hartnädiger Entschlossenheit gekämpft, aber

die Engländer trugen den Sieg davon

Sie schlugen den deutschen Angriff zurück, machten viele Gefangene, und töteten, dank der Art und Weise, in der die deutschen Truppen unter mörderischem Maschinengewehrfeuer vorwärts getrieben wurden, eine ungeheuere Anzahl

Der englische Angriff gelang Die deutsche Linie wurde näher an St Quentin zurückgedrängt

Zehn tausend Gefangene

wurden gemacht und eine Anzahl von Geschützen erbeutet. Die Außenwerke der Siegfriedlinie sind in englischem Besitz, trotz der entschlossenen und mutigen Anstrengungen der deutschen Truppen sie zu halten. Die letzteren zogen nicht „planmäßig" zurück, sondern weil sie im offenen, ehrlichen Kampfe den

Kürzeren gezogen hatten.

Die Operationen der Ententestreitkräfte haben keineswegs ihren Abschluß gefunden, wie von militärischen Schriftstellern vor acht Tagen in den deutschen Zeitungen berichtet wurde. Die deutschen Streitkräfte haben nicht standhalten können. Die Franzosen bedrohen Laon und den Chemin des Dames und drängen täglich in diesen Bezirken die Deutschen weiter zurück.

Auf der Balkanfront sind

die Bulgaren vollständig geschlagen

und ziehen sich immer noch zurück. Die französischen und serbischen Truppen sind 20 Kilometer vorgedrungen. Viele Tausende von Bulgaren haben sich ergeben. Die Schuld für die unheilsvolle Lage, in der Bulgarien sich befindet, schreiben die Gefangenen Deutschland zu

Der österreichische Vorschlag eine geheime Konferenz unter Vertretern der kriegsführenden Nationen abzuhalten, um

die Möglichkeit des Friedens

zu diskutieren ist von den Vertretern der Arbeiter- und Sozialistenparteien, versammelt bei der Londoner Konferenz, als mehr von der Angst die Monarchie zu stärken inspiriert als durch einen Wunsch wirksam zur Beilegung des Weltkrieges beizutragen, bezeichnet worden.

Keine Stimme erhob sich zu Gunsten der Annahme des österreichischen Vorschlags

ブルガリア軍は全面的に敗北している

そして今も後退を続けている。フランス軍とセルビア軍は、20キロ前進した。何千人ものブルガリア将兵が降伏した。この捕虜たちは、ブルガリアの悲惨な状況を非難して、ドイツに責任があると見ている。

オーストリアは、交戦国の代表が話し合うために秘密の会議を開くべきだと提案しているが、その議題は

和平の可能性について

それはロンドンでの会議に集まった労働者と社会主義者の政党の代表が説明しているが、それは世界大戦を事実上終結させる希望よりも、君主政体を強化するという切望によることは、明らかになっている。

このオーストリアの提案を受け入れようとする声はまったく起きなかった。

連合国が勝ち取ったもの

以前の３月の戦線に戻る

［地図］

ドイツ軍は領土を２度勝ち取って、２度敗北して失った。どれだけの血が流されたのか？　どれだけの不幸、悲惨が引き起こされたか？　その目的はなにか？　考えるべし！

（裏面）

連合軍のさらなる勝利、ドイツ軍の後退は続く

これまでの数週間、カンブレーとサン・カンタンの西で戦闘が続いていた。この戦闘は、戦争全体の中で、今までの激戦と同じくらいの猛烈なものだった。

ドイツと英国は、双方ともお互いに頑強な意思をふるって戦った。しかし

英国側が勝利を収めたのである。

彼らはドイツの攻撃を打ちはねのけ、多くの捕虜を押さえ、数えきれない兵士を戦死させた。ドイツ兵が殺人的な機関銃火の下に、前へと押し出されたためにそうなったのだ。

英国の攻撃は成功し、ドイツの戦線はサン・カンタンまで後退した。

１万人にも及ぶ捕虜

と数多くの砲が鹵獲された。ジークフリート・ライン外側の堡塁群は、ドイツ兵が断固たる勇気で守ろうとしたにもかかわらず、英国が押さえている。ドイツ軍が「計画通り」後退できなかったのは、見通しの良い、名誉ある戦闘のためだった。

彼らは最悪の結果を迎えた

つい一週間前にドイツの新聞で軍の報道員が書いたような結末には、連合軍は決してならなかった。ドイツ軍は、その占領地に立つことは不可能だ。フランス軍はランとシュマン・デ・ダームを脅かし、これらの地域で、ドイツ軍を追い返している。そして、バルカン戦線では……

今日、我々は撤退中である

来年、我々は滅び去るだろう

現在フランスに175万人いるアメリカ軍は、来年には350万人の軍隊を派遣する取り決めを行った。

しかし現在、正真正銘の和平提案をドイツ政府が拒否することを考慮して、アメリカは軍の増派を決定した。

来年までにアメリカは西部戦線に500万人の将兵を送るだろう。

今までアメリカはさしたる危険ではない、なぜなら我々のＵボートは、アメリカが将兵をヨーロッパへ輸送するのを阻止してくれると言い続けてきた指導者たちは、これについて、何を語るのだろう。

我々はこれについて何と言うべきか。我々は、巨大な数の優位によって圧し潰されるのか？

［図］

西部戦線で増加するアメリカ軍
1917年—100,000人
1918年—1,750,000人
1919年—5,000,000人

Heute sind wir auf dem Rückzuge.

Nächstes Jahr werden wir vernichtet werden.

Amerika, welches jetzt 1 750 000 Mann in Frankreich hat, hatte Anstalten getroffen bis nächstes Jahr 3 500 000 zu senden.

Aber jetzt, angesichts der Weigerung der deutschen Regierung einen echten Friedensvorschlag zu machen, hat sich Amerika entschlossen die Anzahl zu vergrößern.

Bis nächstes Jahr wird Amerika 5 000 000 Mann an der Westfront haben.

Was sagen unsere Führer hierzu — unsere Führer, die erklärten, daß Amerika keine Gefahr für uns wäre, weil unsere U-Boote es daran verhindern würden, Truppen nach Europa zu schicken?

Was sagen wir dazu, wir, die wir durch die ungeheure Zahlenüberlegenheit vollständig erdrückt werden?

Das Zunehmen der amerikanischen Armee an der Westfront.

1917	1918.	1919.
100 000.	1 750 000.	5 000 000.

これらのリーフレットは分かりやすい言葉で書かれ、ドイツの指導者たちが隠している真実をドイツの人々に知らせるのが目的だった。リーフレットは、各地での戦況を伝え、色付きの地図で連合国が獲得した領土が一目で分かるようになっていた。また、アメリカ合衆国から毎日到着する大量の兵士が大いに強調された。図表を使って、次第に増加するアメリカ軍兵士の数をあらわすと共に、ドイツが負け戦にこれ以上の犠牲を払う無意味さを強調した。

これがドイツ兵士に及ぼした効果について、ヒンデンブルク元帥の自叙伝からの証言をもう一度引用しよう。

我々が勝利を挙げているにもかかわらず、戦争の終結が見えないため、ドイツ兵は不機嫌になり落胆していた。それが、我々の勇士たちを挫けさせてしまった。戦場での危険、苦難、戦闘、混乱を体験した上に、本国・故郷から聞こえてくる実際の、また時には大げさな物資欠乏への不平である。これらすべてが、終わりが見えない状態のために、徐々に士気を落とす効果を上げた。

敵の飛行士がばらまくパンフレットの雨は、敵軍は我々のことをさほど悪い人だと考えていないし、もし我々が合理的に考えるようになって、やるべきなのは、我々が占領したものを、それぞれの場所で返還すればよい、と言っていた。そうすればすべては再び良い方向へと進み、国際的永久平和の中、共に友好的に生きていけるだろう、と語っていた。

我々ドイツ本国の平和については、新しい政治家や新しい政府が平和を与えるだろう。この長い戦争の後に訪れるのは、なんと美しき祝福されるべき平和であろうか！　ゆえに、戦いを続ける理由はない。このような趣旨が、我が兵士たちが読んだり、呼びかけられた内容だった。

兵士たちは、これらすべてが敵の嘘ではありえない、とその毒を自分の頭の中に浸み込ませ、また他の人の心にもこのような毒を盛っていった。

飛行機による配布再開に向けて

このような配布効果が賞賛されていたにもかかわらず、この仕事は、クルーハウスの業務での「とげ」として刺さるものだった。飛行機でのプロパガンダ配布は理想的な方法だったが、この目的で飛行機を使ってはならないという決定は、ノースクリフ卿の仕事の深刻な障害となった。

気球による配布は、それに適した風向きを待つことになり、また一方向に向けてしか使えない。一方、飛行機は早い速度ではるかに広い範囲を飛び回ることができる。ノースクリフ卿は再び飛行機が使えるように繰り返し督促していた。

ミルナー卿は、一九一八年五月初めの最初の督促に次のように答えた。「飛行機からのプロパガンダ文書の配布は、戦争法違反だというドイツの主張に対して、英国政府は、抗議を申し入れている。もし英国の飛行士が、それで処罰されたという情報を得たら、ただちに報復する用意があると通告した。

西部戦線では、飛行機による配布は一時的に中断していたが、いつでも再開する準備ができていた。しかも、考えられるよりも効果的な方法で印刷物は配布されるだろうということだった。しかしイタリア側の戦線では、依然として飛行機による配布を中止していない、という事実を認めていたのである。

一カ月後に、ノースクリフ卿は再び手紙を送って、西部戦線での飛行機によるリーフレット配布の中断について、どんな状況にあるかを尋ねている。彼とその同僚は、ドイツへのプロパガンダ業務が、飛行機による配布ができないため、著しい障害を受けていると感じていた。そして彼の情報によるとドイツ軍は飛行機から英国の前線にリーフレットを投下し続けていた。

英国の気球による配布は正確さでも、効果でも、それには及ばないとノースクリフ卿はよく分かっていた。この英国の姿勢と奇妙な対象をなしていたのは、西部戦線のフランス軍で、このために飛行機を使い続けていたのである。

英国の戦時内閣・陸軍省が飛行機の使用再開を承認したのは、その何週間も後であり、その時でさえも航空省は反対の声を上げた。

そして最終的に、全ての障害が取り除かれたのは、一九一八年一〇月の終わりだった。一週間で三〇〇万部のドイツ国内に向けたリーフレットが用意され、この配布が始まったのは休戦条約締結の直前だった。

戦局の好転で増大するプロパガンダの効果

連合軍側に戦局が好転してきた一九一八年夏、プロパガンダは以前よりもさらに重要性を持つようになった。勝利を続けている間は、目を閉じて、耳を塞いだだけだったが、軍事上の敗北で、ドイツ軍兵士はプロパガンダの影響をより大きく受けるようになった。

さらに、連合軍の戦果はドイツという国を深刻に脅かし、クルーハウスが注意深く組織した各部門からのニュースがばらまかれたため、ドイツの人々の士気は一様に沮喪していった。商業界は迫りくる経済戦争の恐怖に怖れおののいた。かくして、プロパガンダ的な観点を受け入れる心理的な土壌が用意されていったのである。

このような見解を広める、明白かつ重要な方法は、指導的立場にある英国の政治家が重要な演説をした際に、ただちに敵側諸国に向けてそれを確実に伝達することであった。やがて、この目的を達成する方法が見つかった。このような機会があると、中立諸国の新聞各紙が、重要な内容に関する英国公人たちのインタビューができるように手配され、これらの記事は敵側の報道機関によって広く転載された。

ドイツが本来優れていた工業分野で、英国が進歩を遂げているという資料を、賢明にもウェルズ氏は収集していたが、それをファイフ氏はさまざまな意味で活用した。こういった内容の記事が、スイスのドイツ語新聞各紙に送られ、発行されていた。そういった記事は、ドイツ国内でもよく読まれていると、分かっていたのである。

深刻な警告の調子で書かれたドイツ語のパンフレットが、S.A.ゲスト氏の独創的で巧妙、かつ粘り強く仕込んだ経路を通じて配布された。そのような方法で、ロンドンで開催された英国科学製品展示会の説明付きカタログもドイツに送り込まれ、それはすぐさま熱心なドイツ人が読むことになった。このような内容や方法は、どんな種類のプロパガンダよりもドイツの知識階級の意見に、大きな影響を与えた。

時々、特別な話題が選ばれることもあった。例えば「ロンドン便り」という連載記事は、スイスとスカンジナビアの新聞各紙に送られた。それは一見ドイツ寄りに見えたが、実際の内容は英国の食糧関係やその他の状況が書かれていた。敵側の新聞各紙にこのような記事が転載されるのは、まさにこちらの思うつぼであり、それによってドイツの読者たちは内心、国内での劣悪な状況と比較してしまうのである。

Uボート艦長の戦死、捕虜リストまで

ドイツ海軍の軍港では、潜水艦勤務に選抜された兵士たちを怖気づかせるように作られたリーフレットが、秘密の手段によって配布されていた（その複製が、一一五ページに収録されている）。そこには、戦死したり、捕虜になったUボートの艦長とその階級が、一覧表となっていた。その内容が本当かどうかが、簡単に証明できる項目を選んだのは、Uボートに対峙する英国海軍の巧妙な作戦を示すもので、ドイツの各軍港での士気は著しく低下したのである。

色つきの地図や図表を入れて連合軍の戦勝ニュースを載せた「優先リーフレット」の他に、ドイツの新聞とよく似た文体で書かれた「塹壕新聞」も発行された。プロパガンダの外見は、魅力的に上塗りされていた。新聞の見た目は素朴なもので、第一面にはドイツ皇帝の顔も載っていた。この新聞はドイツ軍兵士が喜ぶ格好の読みものだったが、実際は彼らに注意深く隠された真実を暴くものだった。毎週二五万部から五〇万部が発行され、配布された。

その他、一部のチラシは宗教的な色彩を持っていた。というのも、ドイツの国民性には信仰深いとこ

ドイツは150隻のUボートを失った。

英国首相、ロイド・ジョージは、英国議会下院で次のように述べた。「わが英国の艦船は、船団を組み、巡視、機雷の敷設、掃海、商船の保護、Uボートの捜索を、未知の広大な海域で行っている。彼らは少なくとも過去一年間に150隻の海の害虫、すなわちドイツ海軍のUボートを撃沈した。

これに応えて、次のようなベルリンからの公電が、ドイツの新聞や中立国に送られた。

「英国首相が主張したような、Uボートに対する敵の大戦果は、さほどの戦果ではないことを十分に証拠立てる立場にあると我々は表明するものである」

ロンドンの英国海軍参謀長は、沈没、拿捕、抑留によってドイツが失った150隻のUボートの艦長の名前の完全な名簿を持っている。これらの海軍将校の大部分は戦死し、ある割合で戦争捕虜となり、わずかな数は中立国に抑留されている。英国首相の声明の信憑性は、このように証明される。また、ベルリンからの公電による声明は真実ではない。

これがその名簿である。　　　　　［以下、Uボート艦長の名簿］

Die verlorenen 150 deutschen U-Boote.

Im Haus der Gemeinen sagte der englische Erste Minister, Mr. Lloyd George: „Unsere britischen Schiffe dienen als Geleitschiffe, patrouillieren, legen Minen, beseitigen Minen, schützen Handelsschiffe, jagen U-Boote über ungeheure weglose Strecken. Sie haben wenigstens 150 dieser Ozeanplagen, der deutschen U-Boote, zerstört, über die Hälfte davon im Verlauf vorigen Jahres."

In Erwiderung hierauf wurde das folgende offizielle Berliner Telegramm an die deutschen Zeitungen und die neutralen Länder abgeschickt:—

„Wir sind in der Lage auszusagen, daß der Krieg des Feindes gegen die U-Boote nicht annähernd einen so großen Erfolg aufweist wie vom britischen Ersten Minister behauptet wird."

Nun besitzt der Chef des Admiral-Stabes der Marine zu London eine vollständige Liste der Namen der kommandierenden Offiziere der 150 U-Boote, welche Deutschland durch Versenken, Gefangennahme, oder Internierung verloren gegangen sind. Die Mehrzahl dieser Offiziere sind tot, ein gewisser Prozentsatz sind Kriegsgefangene, einige wenige sind in neutralen Ländern interniert.

Es wird somit der Beweis für die Wahrheit der Aussage des britischen Ersten Ministers erbracht. Es wird ferner bewiesen, daß die im offiziellen Berliner Telegramm enthaltene Aussage unwahr ist.

Anbei die Liste:—

Name	Dienstgrad	
Albrecht, Kurt	Kapitänleutnant	Tot.
Albrecht, Werner	Oberleutnant z.S.	„
Amberger, Gustav	Kapitänleutnant	Kgg.
Amberger, Wilhelm	Oberleutnant z.S.	Tot.
Arnold, Alfred	Oberleutnant z.S.	Kgg.
Bachmann, Günther	Oberleutnant z.S.	Tot.
Barten, Wilhelm	Oberleutnant z.S	„
Bauck, W.	Kapitänleutnant	„
Bauer, Cäsar	Kapitänleutnant	„
Bender, Waldemar	Kapitänleutnant	„
Dieser Offizier kam beim Versenken seines U-Bootes nicht um, es gelang ihm nach Deutschland zurückzukehren		
Berckheim, Egewolf, Freiherr von	Kapitänleutnant	Tot.
Berger, Gerhardt	Kapitänleutnant	„
Bernis, Kurt	Kapitänleutnant	„
Branscheid, Albert	Oberleutnant z.S.	„
Braun, Charles	Oberleutnant (Res.)	„
Breyer, Herbert	Oberleutnant z.S.	Kgg.
Buch, Gustav	Kapitänleutnant	Tot.
Degetau, Hans	Oberleutnant z.S.	„
Dieckmann, Victor	Kapitänleutnant	„
Ditfurth, Benno von	Oberleutnant z.S.	„
Ebeling, Karl	Kapitänleutnant	„
Ehrentraut, Otto	Oberleutnant z.S.	„
Eltester, Max	Kapitänleutnant	„
Feddersen, Adolf	Leutnant z.S. (Res.)	„
Fircks, Wilhelm, Freiherr von	Kapitänleutnant	„
Fischer, Karl Hanno	Leutnant z.S.	„
Fröhner, Eberhardt	Leutnant z.S.	„
Fürbringer, Gerhardt	Kapitänleutnant	Kgg.
Fürbringer, Werner	Kapitänleutnant	Kgg.
Galster, Hans	Oberleutnant z.S.	Tot.
Gebeschus, Rudolf	Kapitänleutnant	„
Gercke, Hermann	Korv.-Kapitän	„
Gerlach, Helmut	Kapitänleutnant	„
Gerth, Georg	Kapitänleutnant	Kgg.
Glimpf, Hermann	Oberleutnant z.S	Tot.
Dieser Offizier torpedierte die „Sussex" am 24. März 1916		
Graeff, Ernst	Kapitänleutnant	Kgg.
Gregor, Fritz	Oberleutnant z.S.	Tot.
Groß, Karl	Oberleutnant z.S.	„
Günther, Paul	Oberleutnant z.S.	„
Güntzel, Ludwig	Kapitänleutnant	„
Günzel, Erich	Kapitänleutnant	„
Haag, Georg	Leutnant z.S.	„
Hansen, Klaus	Kapitänleutnant	„
Hartmann, Richard	Kapitänleutnant	„
Hecht, Erich	Oberleutnant z.S	„
Heinke, Curt	Oberleutnant z.S	„
Heller, Bruno	Oberleutnant z.S	„
Hennig, Heinrich von	Kapitänleutnant	Kgg.
Heydebreck, Karsten v.	Oberleutnant z.S.	Tot.
Hirzel, Alfred	Oberleutnant z.S.	„
Hoppe, Bruno	Kapitänleutnant	„
Hufnagel, Hans	Kapitänleutnant	„
Keyserlingk, Harald v.	Oberleutnant z.S.	„
Kiel, Wilhelm	Oberleutnant z.S.	„
Kiesewetter, Wilhelm	Kapitänleutnant (Res.)	Interniert
Klatt, Alfred	Oberleutnant z.S	Tot
Kolbe, Walther	Oberleutnant z.S	„
König, Georg	Kapitänleutnant	„
Korsch, Hans Paul	Oberleutnant z.S.	„
Krapsch, —	Kapitänleutnant	„
Krech, Günther	Kapitänleutnant	Kgg
Kreysern, Günther	Oberleutnant z.S	Tot.
Kroll, Karl	Korv.-Kapitän	„
Küstner, Heinrich	Oberleutnant z.S.	„
Lafrenz, Claus R	Kapitänleutnant	Kgg
Launburg, Otto	Oberleutnant z.S.	„
Lemmer, Johannes	Kapitänleutnant	Tot
Lepsius, Reinhold	Oberleutnant z.S	„
Lilienstern, Rühle v.	Oberleutnant z.S.	„
Lorenz, Helmut	Oberleutnant z.S.	Interniert.
Lorenz, Hermann	Kapitänleutnant	Tot.
Löwe, Werner	Oberleutnant z.S.	„
Lühe, Vicco von der	Oberleutnant z.S.	Kgg
Menzel, Bernhard	Oberleutnant z.S.	Tot
Metz, Artur	Oberleutnant z.S.	„
Metzger, Heinrich	Kapitänleutnant	Interniert
Mey, Karl	Oberleutnant z.S.	Tot.
Mildenstein, Christian	Oberleutnant z.S.	„
Moecke, Fritz	Oberleutnant z.S.	„
Mohrbutter, Ulrich	Oberleutnant z.S.	Kgg
Moraht, Robert	Kapitänleutnant	„
Mühlau, Helmut	Kapitänleutnant	„
Muhle, Gerhardt	Kapitänleutnant	Tot.
Müller, Hans Albrecht	Oberleutnant z.S.	„

ろがあるからである。これらのリーフレットは、ドイツ軍の敗北が続くのは、ドイツ政府の犯罪に対する当然の報いであるとした。そのなかのひとつは宗教的な説教を載せて、その題は「心して汝の罪を思え」というものだった。

ドイツ兵たちは、自軍の補充兵の数が次第に減っていくことに気が付き、アメリカ軍の兵員、大砲、弾薬の補給について神経質になっていった。そこですかさずクルーハウスは、アメリカがどれだけの凄い勢いで、連合軍を援助しているかを、敵側の軍隊や市民に十分分かるように仕向けていった。詳細なアメリカ軍の戦場や、あるいはアメリカ本国の工場、造船所、農場の最新情報を記したリーフレットがいくつも制作された。

ドイツの末路を描き出すプロパガンダ

ドイツに対する英国のプロパガンダに携わる人々の仕事は、積極的でも、受動的でもあった。その目的は、ドイツの人々にすみやかな平和が到来すると期待させ、また長引く戦争への恐怖を与えることだった。彼らが徹底的な破滅を免れるには、ヨーロッパ中に戦禍をもたらした社会体制を打ち砕き、最終的に連合国の提唱する国際連盟に加入を許される道しかない、ということを明白に伝えることだった。

さらに、このように必要な情報を教える努力と合わせて、現実の戦局を報告し続けるのも必要だった。成功を収めるには、情報が真実で、正確なことが絶対に必要で、それは情報の量よりも重要である。ドイツ当局が兵士や国民に隠していたことを、我々が知らせたのである。それゆえヒンデンブルク元帥やフーチェル将軍（訳注）は、警告を発している。その内容は次の第六章を参照してほしい。

大戦最後の数週間で、ホーエンツォレルン王家の政府を非難する「徹底的に集中したプロパガンダ」が行われた。ドイツのあらゆる苦難と悲しみは、「古い一味」のせいであり、ドイツが世界と友好を結び、貿易を開始する前に、彼らの一味すべてと手を切るしか方法はない、と強調した。

ドイツ政府は信頼できず、平和への大きな障害となっていることが、詳細に書かれていた。またドイツ国内で変化が起きていること、ドイツ皇帝の退位を求める声が上がっていること、ドイツをこのように悲惨な状況に陥れた全ての人たちへの処罰を求める声の高まりに触れて、注意を促した。

ドイツ兵士たちには、彼らが戦うべき大義がもはやない今、死の危険を冒すべきかどうか、注意深く考えるよう勧めて、彼らが選べる最良の道は、故郷に帰り家族を守ることだと伝えたのである。

戦争を継続した時のドイツの末路がはっきりと示された。連合軍の空襲の数がどれほど増えたのか、飛行隊の数や、より破壊力の大きな爆弾がどれほど増えたか、ということが図表で一目瞭然に示された。そして、ベルリン、ハンブルグ、ハノーファーやその他の都市のように、それまで爆撃を逃れていた都市がいかに空襲を受けやすい場所であるかも書かれていた。

英国やフランスに食糧、軍需品、その他の物資を運ぶ汽船の航路を示す地図も用意され、ドイツの指

訳注　フーチェル将軍

オスカー・フォン・フーチェル（一八五七～一九三四）ドイツの軍人。第一次世界大戦で浸透戦術を編み出し、多大な戦果を挙げる。戦後、軍を去ってからはドイツ将校連盟総裁などを務めた。

導者たちが連合国を兵糧攻めにできると請け合っていた偽りを示したのである。

海軍省と情報省のおかげで、クルーハウスのために無線の定期使用が許された。それはニュースを伝え、ドイツの虚偽に反論し、中立国の新聞や世論を通じて、ドイツ世論に影響を与える方法として活用された。

プロパガンダを浸透させたさまざまな方法

その他、敵国にプロパガンダ資料を届けるため、ゲスト氏は数多くの組織を作った。彼の仕事にはまさに非常な忍耐と我慢強さが求められた。彼は、ドイツ側の警戒にも関わらず、ドイツへプロパガンダを浸透させる実験をいろいろと試みた。その方法のいくつかは、ここで決して明かせないが、少々ヒントを与える程度なら、許されるだろう。

それは、ドイツではない国の労働者で、朝ドイツ国内へ仕事に向かい、夕方には帰ってくる人で、こういった人の一部がプロパガンダの仕事を手伝った。もちろん、すべての秘密協力者は必ずしも連合諸国や中立諸国の市民だけでなかったのは言うまでもない。

大量の印刷物がドイツの中で、ある場所からある場所へと送られたが、その料金はドイツ郵政省の公式収入にはならなかった。

一番簡単で、はっきりした周知の方法は、なぜかほとんど調べられることのなかった書籍の流通によるものだった。当時の書籍流通の統制は驚くほど寛大であった。リヒノフスキー公爵の書いたプロパガンダ本が、ドイツやオーストリア国内で秘密裏に回覧されていると知って、最も驚いたのは英国のプロパガンダ担当者だった。

特に好奇心の強い読者に申し上げたいのは、たとえ表紙には著名なドイツの作家の名があったとしても、本の内容はそれと一致せず、時としてアメリカの詩人、ロングフェローの言う「ものごとは見かけ通りとはかぎらない」ものであった。

中立国に住んでいたドイツ側の人々の中には、自らの政府の歪んだ考えに納得していない人々もいたし、中立国の国民で、各界で重要な地位を占める人々の中にも、ドイツ側の意見を快く思わない人もいて、彼らは個人的な交際の輪に引き込まれた。敵国の新聞特派員たちは注意深く「取り扱われた」。敵国側へと近づく手段であれば、どのような些細なものでも重要だと見なされた。なぜならば、それぞれ適した方法があったからである。

Heer und Heimat

November 1918. 10 Pfg.

Der Ruf zur Einigkeit.

Das Ideal.

So wird zum „Sammeln" geblasen.

Das verlorene Paradies.

„Wie anders, Gretchen, war dir's" — Goethe's „Faust."

Wie anders, Deutschland, war dir's vor dem Kriege
Den deine Herrschbegier zu Stand gebracht;
Du schrittest selbstbewußt von Sieg zu Siege
Den Gipfelpunkt erreichtest deiner Macht,
Unangerührt, besitzend zur Genüge
Das Erdengut, den Ruhm, die weltliche Pracht;
Da hattest ja wonach die Menschheit trachtet
Und warst, wenn nicht geliebt, so doch geachtet.

Und jetzt welcher Ekel, welcher Schauer,
Wenn bloß der Name Deutschlands wird genannt!
Um dem verlor'nes Glück wie tiefe Trauer
Die Ehre hin, die Seelenruh verbannt!
Du liegst, getrennt durch eine eiserne Mauer
Die dein Verbrechen zwischen uns gespannt;
An deinem falschen Ideal gebunden —
Und alle frühere Herrlichkeit verschwunden.

Der Krieg wurde in Potsdam beschlossen.

Im ungarischen Parlament behauptet Graf Tisza während einer Debatte über den Ursprung des Krieges, daß das Ultimatum an Serbien bei einer Konferenz aufgesetzt wurde, bei der kein deutscher Vertreter zugegen war.

Ein Abgeordneter: „Nicht in Wien sondern in Potsdam."

Graf Tisza erwiderte: „Weder in Potsdam, noch irgendwo anders."

Der Abgeordnete: „Das Ultimatum wurde nicht in Potsdam beschlossen, aber der Kriegsausbruch wurde dort beschlossen."

„Eine Prophezeiung.

Die holländische Zeitung Handelsblad meldet, daß ein soeben aus Deutschland nach Holland Zurückgekehrter an einer wichtigen Fabrik in Riesenbuchstaben geschrieben sah:

„Dauert der Krieg noch ein Jahr
Geht es Wilhelm wie dem Zar."

Die Wirklichkeit.

„Getrennt marschieren, vereint schlagen." Moltke.

議員：ウィーンではなく、ポツダムである。

ティザ伯爵：ポツダムでも、他のどこでもない。

議員：最後通牒はポツダムで作成されなかったが、開戦はそこで決まった。

予言

オランダの新聞『ハンドルスブラッド』紙は、ドイツから帰国したばかりのある人が語るには、重要な工場に巨大な文字で、このように書かれた詩を見たとのこと。

「戦争がさらに一年続くなら、
ウイルヘルムの運命はロシア皇帝の運命と同じになるだろう！」

戦争と故郷
統一・団結への招集

上の図版は「理想」という見出しであるが、「立法議会」をあらわしている。その右側には、次のようなもじった詩がある。ゲーテ作「ファウスト」の「失楽園」である。

失楽園

グレッチェン、そなたはなんと変わってしまったことか！
（ゲーテ作「ファウスト」）
ドイツよ、戦争の前と比べて、
そなたはなんと変わってしまったことか
そなたのぎらついた征服欲のゆえなのか
そなたは自信にあふれ、勝利につぐ勝利へと進んだ
そして、権力の頂点にたどり着いた
いかなる傷も受けず、広大な領土を得た
地上の富を得て、名声を世界に轟かせた
人類が望みうる全てを、そなたは手に入れた
もし愛されないとしても、非常なる尊敬を以って

しかし今、なんたる嫌悪、なんたる恐怖を
ドイツという単なる名前が巻き起こすのか！
失われた幸せから、深い嘆きの声が上がる
そなたの名誉は失われ、そなたの心のやすらぎは打ち壊された！
そなたの空言は鉄の壁で隔てられた
その壁はそなたのいかなる犯罪によって築かれたのか
そなたの偽りの理想に、たちまち足を取られ
そして、そなたの以前の栄光はすべて消え失せた！

下の図版は「その現実」からの引用で
「別々に進軍しても、共に揃って攻撃する」というモルトケの言葉の引用が下にある。その左には：

戦争はポツダムで決定された。

ハンガリー議会において、この戦争の発端に関する討議中に、ティザ伯爵はドイツの代表が誰も出席していないにもかかわらず、セルビアへの最後通牒を主張した。

条件を設定するためである。

しかし、また一部では、ドイツ政府がアメリカ合衆国の絶え間ない軍事的努力に気付いたからである。

これにおいて、戦争のあらゆる観点でも、ドイツの指導者は極めて卑劣な方法で我々を裏切っている。我々に偽の希望を与えているのだ。

彼らは、かくも絶望的な道へ我々を追いやっている。我々はあらゆる前線から後退して、今や平和を求めるように強制されている。しかし我々の敵は、和平の協議に同意するのだろうか？

ドイツ政府が認めたように、不当に攻撃されたベルギーに我々がいる限り、北フランスに我々がいる限り、そうはならないのだ。

我々の敵が、我々との交渉に同意する前に、我々はドイツに戻らなくてはならない。なぜならあたかも中世に戻ったような野蛮な軍国主義や政治家の考え方が良くなるならば、ドイツの人々と共に、正当で名誉ある和平を喜んで成しとげるだろうと連合国側は言っている。

我々自身を救うため、我々は何をすべきか？　まずは母国へ帰還せねばならない。そして４年以上も苦しんできたあらゆる恐怖と困難の終結を望んでいる。それはドイツ政府がドイツの人々を見くびっており、軍国主義による独裁を敷き、いまだに達成されない汎ドイツ主義という犯罪的な野望を実現しようとしているからである。

我々はみじめにも裏切られたのである。

TRUPPEN-NACHRICHTENBLATT　1018

Steht der Friede vor der Tür?

Unsere Feinde lehnen Verhandlungen ab, bis wir Belgien und Frankreich geräumt haben

Was müssen wir jetzt tun?

Nun, was bedeutet es alles?

„Vor wenigen Wochen," sagt die „Frankfurter Zeitung," „schien es noch als ob unsere Armeen dem Endziel, dem Niederschlagen der feindlichen Armeen und dem Erlangen des Friedens sehr nahe wären, und welche Wendung!"

In diesen wenigen Wochen haben die deutschen Armeen drei Viertel Millionen Mann verloren. Über eine Viertelmillion haben sich ergeben und sind jetzt

außer Gefahr und haben vollauf zu essen.

In diesen wenigen Wochen ist Bulgarien aus dem Kriege geschieden, ist gezwungen worden sich bedingungslos zu ergeben. Die besten Armeen der Türkei sind in Palästina vernichtet worden, und die Türkei steht im Begriff dem Beispiel Bulgariens zu folgen.

Und das Resultat aller dieser Ereignisse dieser wenigen Wochen?

Alle Siegeshoffnung der militärischen Junkerpartei in Deutschland aufgegeben. Ein Waffenstillstand verlangt. Das Zugeständnis des neuen Reichskanzlers, des Prinzen Max von Baden, daß

Belgien ungerechterweise angegriffen wurde

Folgendes ist der Wortlaut der an den Präsidenten Wilson durch die schweizer Regierung gerichteten Note :—

„Die deutsche Regierung ersucht den Präsidenten der Vereinigten Staaten die Wiederherstellung des Friedens ins Werk zu setzen, alle kriegführenden Staaten von diesem Gesuch in Kenntnis zu setzen, und sie aufzufordern Bevollmächtigte zwecks Eröffnung von Verhandlungen zu entsenden. Sie nimmt das durch den Präsidenten der Vereinigten Staaten in seiner Kongreßbotschaft vom 8. Januar 1918, und besonders in seiner Rede vom 27. September aufgestellte Programm als eine Grundlage für Friedensverhandlungen an.

In der Absicht ferneres Blutvergießen zu vermeiden, bittet die deutsche Regierung um sofortiges Schließen eines Waffenstillstandes zu Lande, zu Wasser, und in der Luft.　(Gezeichnet)　Max, Prinz von Baden, Reichskanzler

Warum wird diese Note an den Präsidenten Wilson gerichtet?

Teils weil er gewisse Bedingungen festgesetzt hatte, die, wie er erklärte, die deutsche Regierung annehmen müsse, ehe er sich überhaupt auf die Diskussion von Friedensbedingungen einlassen wollte.

Aber auch teils weil die deutsche Regierung endlich sich der Gefahr der amerikanischen, militärischen Anstrengungen bewußt geworden ist

In dieser, wie in jeder andern wichtigen Kriegsangelegenheit haben unsere Führer uns in unerhörter Weise getäuscht Sie haben uns mit falschen Hoffnungen genährt.

Sie haben uns in eine so verzweifelte Lage gebracht, daß wir uns jetzt an allen Fronten zurückziehen und uns jetzt gezwungen sehen um Frieden zu bitten.

Aber werden unsere Feinde sich darauf einlassen über den Frieden zu verhandeln?

Nicht während wir noch in Belgien sind, wo dies, wie unsere Regierung zugiebt, ungerechterweise angefallen wurde nicht während wir uns in Nordfrankreich befinden.

Ehe unsere Feinde mit uns verhandeln wollen, müssen wir uns nach Deutschland zurückziehen. Dann, sagen sie, werden sie mit Freuden mit dem deutschen Volke einen gerechten, ehrenvollen Frieden abschließen, wenn sie sicher sein können, daß der Militarismus und die mittelalterlichen Methoden der Staatskunst für immer abgeschafft sind.

Was müssen wir denn zu unserer Rettung unternehmen? Wir müssen uns in unser eigenes Land zurückziehen, dann können wir auf ein Ende all der Greuel und Entbehrungen hoffen, die wir für mehr als vier Jahre gelitten haben, nur weil unsere Regierung sich seine Politik von dem Militarismus vorschreiben ließ und die Kräfte, die durch den Versuch den verbrecherischen Ehrgeiz der Alldeutschen zu verwirklichen gegen uns aufgebracht werden mußten, unterschätzte

Wir sind aufs jämmerlichste getäuscht worden

兵士のための情報リーフレット

平和はすぐそこまで来ているのか？

我々の敵は、我々がベルギーやフランスから撤退するまで
交渉を拒否している。
今我々は何をしなければならないのか？

さて、それはどういう意味であろうか？

『フランクフルター・ツァイトゥング』紙はこのように報じている。

「数週間前、我が軍は敵軍の撃破と平和という最終目標へと非常に近付いた。しかし、なんという変化であろうか！

この数週間で、ドイツ軍は100万人のうち４分の３を失った。25万人以上が降伏し、危険を逃れて十分な食事を取っている。

この数週間でブルガリアは戦線から脱落し、無条件降伏を余儀なくされている。トルコ軍の精鋭は打ち破られ、トルコはブルガリアの轍を踏みつつある。

この数週間の全ての出来事の結果は何であろうか？

ドイツの軍国主義的ユンカーの一党による勝利のあらゆる希望は見捨てられた。休戦協定が求められている。新しい帝国宰相のマックス・フォン・バーデン大公は、ドイツがベルギーを不当に攻撃したことを認めている。

以下は、ドイツがスイス政府を経由して、アメリカのウィルソン大統領に宛てた文書の内容である。

> ドイツ政府はアメリカ合衆国大統領に平和の回復をもたらすこと、そして公開交渉に全権大使を招集することを、すべての交戦国に通達し、要請するものである。
>
> ドイツは和平交渉の基礎として、アメリカ合衆国大統領が1918年 1月８日に議会で行った大統領教書演説と、部分的には９月27日の演説に基づく計画を設定するものである。
>
> さらなる流血を防ぐ観点から、ドイツ政府は陸海空における休戦協定の即時締結を求めるものである。
>
> （署名）ドイツ帝国宰相　フォン・バーデン大公、マックス

なぜ、このような文書がウィルソン大統領に宛てられたのか。

部分的には、和平の条件がどのようなものであろうとも、何らかの協議に入る前に、ドイツ政府が受け入れねばならないいくつかの

府と軍国主義は一掃されるだろう。

　このリーフレットの裏面に書かれた連合国の勝利を読んで、自分自身に尋ねるのだ。

　こんなことが、あとどれくらい続くのだろうか？

〔トルコの敗北を説明する地図〕

［パレスチナの地図］

　黒い実線と矢印は英国軍の位置を示す。トルコ人はサマリアとナブルスの間にいたが、彼らは一掃された。彼らの軍はもう存在しない。

Türkische Armee in Palästina vernichtet.

Kein weiterer Widerstand gegen die englischen Truppen.

Glänzendes Umkreisungs-Manöver.

20 000 Gefangene.

Türkisches Volk aufgebracht gegen Deutschland weil es es einem nicht wieder gutzumachenden Unglück entgegen geführt hat.

Die türkische Armee in Palästina hat aufgehört zu existieren Die Engländer überraschten sie, durchbrachen die Front, schickten große Kavalleriemengen durch, schnitten alle Rückzugsrouten ab, schlossen die Türken vollständig ein

Zwanzig Tausend ergaben sich, eine große Anzahl wurde getötet, nur einigen Nachzüglern gelang es zu entkommen. Das Heilige Land ist von der Muselmann-Herrschaft, die die deutsche Regierung noch Kräften aufrecht zu erhalten strebte, befreit Kein härterer Schlag hätte die Türkei treffen können. Ihre besten Truppen sind vernichtet. Die Stimmung der Türken gegen Deutschland ist eine äußerst bittere Sie drohen öffentlich damit sich gegen die deutsche Regierung zu wenden

Die Bulgaren sind auch kaum weniger gegen Deutschland erbittert. Sie werden immer noch von den französischen und serbischen Truppen, die sie 64 Kilometer zurückgetrieben haben, im Balkangebirge verfolgt Ihre Niederlage ist zu einem vollständigen Unheil geworden.

Auf der Westfront gewinnen die englischen und französischen Truppen immer noch Terrain, langsam, aber ständig, jeden Tag ein wenig.

Überall befinden sich Deutschland und seine Verbündeten auf dem Rückzuge.

Leset keine Flugblätter, die ihr zufällig finden mögel. sagen Feldmarschall Hindenburg und General von Hutier.

Warum?

Weil sie wissen, daß die Flugblätter die Wahrheit, welche sie und die Regierung uns verhehlen wollen, enthalten.

Sie fürchten die Wahrheit. Wenn das deutsche Volk sie kennt werden die Regierung und der Militarismus weggefegt werden.

Leset umseitig von den Erfolgen der Entente-Mächte und fragt euch –

Wie lange kann dies noch so weiter gehen?

Karte zur Veranschaulichung des türkischen Unheils.

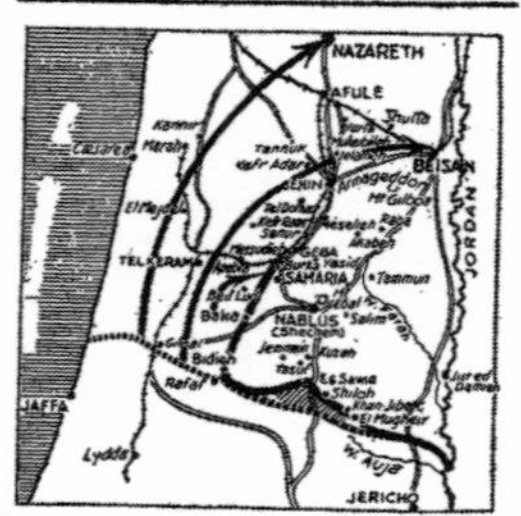

Die schwarzen Linien und Pfeile stellen die englischen Streitkräfte dar. Die Türken befanden sich zwischen Samaria und Nablus Sie sind vernichtet worden. Ihre Armee existiert nicht mehr.

パレスチナのトルコ軍は敗北した

英国軍は、さらなる抵抗を受けていない
素晴らしい作戦行動
20000人の捕虜

挽回不能な大敗にトルコ軍を導いたドイツに対して、トルコは激怒している。

パレスチナのトルコ軍は消滅してしまった。英国軍は戦線を突破し、騎兵の大軍を送って、全ての退却路を遮断し、トルコ人を完全に包囲した。

2万人が降伏し、多数が戦死した。脱出できたのは、落伍したわずかな兵だけだった。ドイツ政府が最善を尽くして支援していたイスラム権力の支配から、聖地は解放された。トルコはさらなる強烈な打撃を受け止めることはできなかっただろう。その精鋭部隊は壊滅した。ドイツに対するトルコ人の感情は極めて敵対的である。彼らは公然とドイツ政府に反抗すると脅している。

ブルガリア人はドイツに敵意を持っている。彼らはまだバルカン半島の山中でフランス軍に追撃されていて、セルビア軍は彼らを64キロ後退させた。彼らの敗北は大いなる惨事である。

西部戦線では、英国軍とフランス軍の将兵が、ゆっくりと、しかし着実に、毎日少しずつ占領地を確保している。

ドイツとその同盟国は、いたるところで後退している。

ヒンデンブルク陸軍元帥とフォン・フーチェル将軍は、偶然見つけたリーフレットを読むなという。

それはなぜか？

つまり、彼らはリーフレットの内容が、彼らと政府が隠しておきたい真実を含んでいるからである。

彼らは真実を恐れている。ドイツの人々がそれを知るならば、政

ダンスの禁止

「ハノーファーの司令部では、男性と女性を別々にする場合のみ、ダンスのレッスンが許可されている。すでにダンスのレッスンを申し込んでいる人は誰であろうとも、再度レッスンを受けることは許されない。この賢明な規制はエッセンで出された。２つのダンス教師組合に所属する教師だけが、平和な時にダンスの教室を開くことができる。」

『ベルリナー・ターゲブラット』紙、1918年９月19日

訳注　リープクネヒト

カール・リープクネヒト（1871～1919）ドイツの政治家、共産主義者。1916年に急進的マルクス主義のスパルタクス団を組織し、革命運動を指導した。1919年１月、スパルタクス団蜂起の際に捕らえられ、処刑される。

を彼らの前へと追い立てる。司令部はカウルスドルフ地区に置かれるだろう。そして機関銃の使用について、詳細な命令が続くはずだ。この命令は極秘である。

皇帝と共に、我々はどうするべきなのか？
9月10日・ストックホルム。ストックホルムでドイツの大臣は、7月14日発行の『ニューヨーク・ヘラルド・マガジン 戦争特集号』の差し押さえをスウェーデン外務省に要求していた。この雑誌は表紙にドイツ皇帝の写真を掲載し、その下に「戦争の後で、我々は皇帝と共にどうするべきなのか？」との見出しが付いていた。法務省は、この問題の雑誌を差し押さえるように命令を受けたと語った。

社会主義者たちの逮捕

『ノイエ・バーデス・ランデス・ツァイトゥング』紙によると、先週ベルリンで開かれた独立系社会主義者の会議で荒っぽい場面が展開されたとのこと。「会議の最中に、帝国議会議員のホフマン氏は挑発的な演説を行ったとして2名の警官によって逮捕された。そのような騒動の中、会場が『戦争反対！』『リープクネヒト（**訳注**） 1世、永遠なれ！』という叫び声の中、ホフマン氏は逃亡した。
翌朝、当局はホフマン氏を再び逮捕するため、彼の家に行ったが、彼は見つからなかった。彼の支持者の多くが逮捕された。」

大瓶に詰めた豚肉

「密輸業者は、自分たちの高価な商品が、戦時中の禁制品取引を摘発する当局の目をのがれるように、また新しい妙技を考案している。ある男がベルリン東駅で呼び止められた。彼は危険な酸などを運ぶのに使われる木枠入りの大型ガラス瓶を2個運んでいたのだ。よく調べると、大瓶は上下2つの部分に分かれていた。上部は酢が入っていて、残りの大部分である下部には55キロの新鮮な豚肉がきちんと詰め込まれていた。高価な豚肉は押収された」

『ベルリナー・ターゲブラット』紙、1918年9月1日

Der hohe Beamte.

„Wir haben zur Ängstlichkeit keinen Grund." — Dr. Wekerle, ungarischer Premierminister.

Das Volk.

„Es muß den Leuten in Fleisch und Blut übergehen, daß sie standhalten müssen." — Tagesbefehl an die 200. Infanterie-Division.

Der General.

„Wir haben keinen Grund niedergedrückt zu sein." — General von Wrisberg, Kriegsminister, im Reichstag.

Der Soldat.

„Der Grundsatz, daß Truppen, selbst wenn sie umzingelt sind, sich tagelang bis zum letzten Mann, bis zur letzten Patrone weiter schlagen müssen, scheint in Vergessenheit geraten zu sein." — Allgemeiner Armeebefehl, unterzeichnet von General Ludendorff.

Vorbereitungen zum Bürgerkrieg.

Alle Maßnahmen sind in Berlin und an anderen Orten zur Unterdrückung eines eventuellen Aufstandsversuches getroffen worden.

Befehle zur Unterdrückung von Aufständen sind unter Angabe von Schritten zur Unterdrückung von Streiks herausgegeben worden. Den Beweis hierfür liefert der Befehl des Deutschen Hauptquartiers an alle Truppenteile der Infanterie der Garde und an das 3., 4. und 5. Korps.

Bei Empfang des telegraphischen Befehls „Vorbereitungen zur Unterdrückung von Streiks treffen" müssen alle Mannschaften mobilisiert werden. Bei Eintreffen des Befehls „Streiks unterdrücken" muß dem Kommandanten der Transporttruppen sofort Meldung gemacht werden. Die Mannschaften müssen feldzugsmäßig ausgerüstet sein, nur ohne Masken.

Bei Empfang des telegraphischen Befehls „Vorbereitungen zum Eingreifen treffen" werden alle Truppenabteilungen auf die ihnen angegebenen Stellungen geführt. Bataillonsführer sollen sich an der Spitze ihrer Abteilungen befinden und allen weiteren Evolutionen vorstehen.

Bei Empfang des telegraphischen Befehls „Eingreifen" werden die für diesen Dienst auserlesenen 3., 4. und 5. Korps auf Berlin marschieren bis an die Vorstadtbahn. Die Soldaten werden den umgekehrten Weg einschlagen vom Mittelpunkt der Stadt auf die Vorstadtbahn zu, indem sie die Bevölkerung vor sich treiben. Das Hauptquartier befindet sich zu Kaulsdorf. Dann folgen ausführliche Instruktionen über die Anwendung von Maschinengewehren. Der Befehl ist streng geheim.

Was soll man mit dem Kaiser machen?

Stockholm, 10. Sept. — Der deutsche Minister in Stockholm hat das Auswärtige Amt der schwedischen Regierung aufgefordert, die Nummer vom 14. Juli des „New York Herald Magazine of the War" zu beschlagnahmen, weil die erste Seite ein Bild vom Deutschen Kaiser aufweist mit der Unterschrift: „Was soll man mit dem Kaiser nach dem Kriege machen?" Wie verlautet, soll der Justizminister die Beschlagnahme der betreffenden Nummer angeordnet haben.

Verhaftung von Sozialisten.

Der „Neuen Badischen Landes-Zeitung" zufolge fanden vorige Woche in Berlin wüste Szenen bei einer Versammlung der unabhängigen Sozialisten statt. —

„Im Verlauf der Verhandlungen wurde das Reichstagsmitglied Hoffmann wegen aufreizender Reden von zwei Schutzleuten verhaftet. Eine solche Aufregung machte sich hierauf geltend, daß in der allgemeinen Verwirrung Hoffmann entkam, während Rufe von ‚Nieder mit dem Krieg' ‚Hoch Liebknecht' im Saale erdröhnten.

„Den folgenden Morgen stellten sich die Beamten in der Wohnung Hoffmanns ein, um ihn von neuem zu verhaften, aber der Abgeordnete war nicht zu finden. Unter seinen Anhängern haben viele Verhaftungen stattgefunden."

Schweinefleisch in Flaschen.

„Die Schleichhändler erfinden immer neue Tricks, um ihre kostbare Ware dem Zugriff des Kriegswucheramts zu entziehen. So wurde am Schlesischen Bahnhof ein Mann angehalten, der zwei große Korbflaschen, wie sie zum Transport gefährlicher Säuren benutzt werden, abgeholt hatte. Bei genauerer Untersuchung ergab es sich, daß jede Korbflasche aus zwei Teilen bestand, aus einem kleineren oberen Teil, der mit Essigäther gefüllt war, und aus einem größeren unteren Teil, in dem sich 75 Kilo frischgeschlachtetes Schweinefleisch sauber verpackt vorfanden. Das kostbare Schweinefleisch verfiel der Beschlagnahme." — Berliner Tageblatt, 19. Sept. 1918.

Das Tanzverbot.

„Im Bezirk des Generalkommandos Hannover ist der Tanzunterricht für Herren und Damen nur getrennt erlaubt, und wer einmal einen Tanzunterricht genossen hat, der darf nicht zum zweiten Male tanzen lernen. Eine vernünftige Bestimmung ist in Essen erlassen worden. Dort dürfen nämlich die Tanzlehrer, die in den beiden bestehenden deutschen Tanzlehrerverbänden organisiert sind, wie im Frieden ohne besondere Einschränkung Unterricht abhalten." — Berliner Tageblatt, 19. Sept. 1918.

Deutsche Kriegsgefangene kommen hinter den englischen Linien an, wo sie von ihren Kameraden, die sie einer guten Behandlung versichern, begrüßt werden.

政府高官

「我々に不安の原因はありません」

ハンガリー首相、ヴェケルレ・シャーンドル博士

一般人

「準備せよ」

第 200 歩兵師団への本日の命令。

将軍

「我々に気落ちする理由はありません」

ドイツ帝国議会での、戦争大臣のフォン・リスバーク将軍

兵士

「原則は、最後の一兵まで、最後の銃弾まで、兵士は 1 日中戦い続けなければならない。たとえ降伏する時であろうと、全滅するように思えても」　ルーデンドルフ将軍の署名した陸軍命令

内戦への準備

ベルリンや他の場所では、最終的な革命に向けた企てを鎮圧するために、あらゆる警戒を行っている。

暴動鎮圧命令は「ストライキ鎮圧への対策」という表題で発布されている。この命令書はドイツ軍総司令部から近衛歩兵連隊、第 3、第 4、第 6 軍団へ送られている。

「ストライキ鎮圧に備えよ」との電信命令を受けると兵力を動員せねばならない。「ストライキを鎮圧せよ」との命令を受けると、輸送部門の指揮官が直ちに命令を実行する。兵士たちは、防毒マスクを除いた完全武装に身を固める。「包囲戦の準備をせよ」との電信命令を受けると、派遣された全軍は割り当てられた場所へと進軍する。大隊の指揮官は部隊の先頭に立ち、次の行動を指揮するのだ。

「包囲せよ」との電信命令を受けると、第 3 、第 4 、第 5 軍団の将兵はそれぞれ与えられた任務によって、ベルリンの郊外鉄道へと進軍する。近衛連隊は反対に町の中心から郊外鉄道に向けて全住民

Wo die Hindenburg-Linie durchbrochen ist

Diese Karte zeigt genau wo die englischen Truppen sich einen Weg durch einen wichtigen Teil der Hindenburg-Verteidigungslinie erzwungen haben. Die gezackte Barre von Norden nach Süden deutet diese Verteidigungen an. Die schwarze Barre zeigt die von den Engländern erreichten Stellungen. Ihr Vordringen dauert an In Flandern sind die deutschen Heere in vollem Rückzng, der Kemmel-Berg ist aufgegeben. „Schweren Herzens verließen ihn unsere Truppen," schreibt Karl Rosner, Kriegsberichterstatter des „Lokalanzeigers."

ヒンデンブルク・ラインが突破されたところは

この地図は、英国軍がヒンデンブルク防衛ラインの重要な部分を突破して進軍した場所を正確に示している。北から南への波線が、その防衛ラインであり、実線は英国軍が進軍した場所を示している。彼らの前進は続いている。フランドル地方からドイツ軍は完全に撤退した。ケンメル・ヒルは放棄された。

「我が軍は心も重く、そこを放棄した」と『ローカル・アンツィガー』紙の従軍記者、カール・ロスナーは書いている。

Eine Karte, die ihre Erklärung in sich birgt.

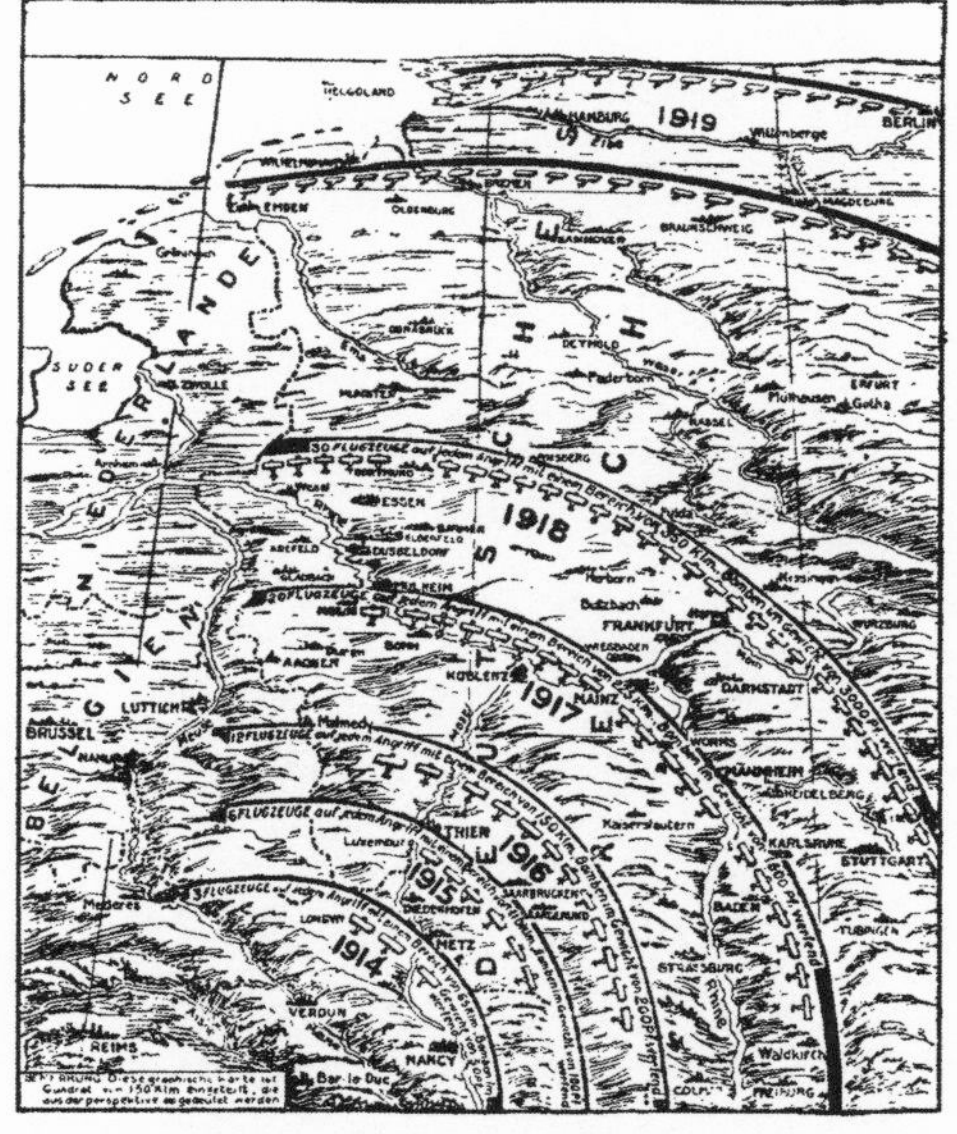

Im Jahre 1914 waren die englischen Luftgeschwader, die für auf englische Städte gemachte Angriffe Vergeltung ausübten, klein und führten kleine Bomben bei sich. In 1915 wurden sie größer und warfen größere Bomben. In 1916 hatten beide an Größe zweifach zugenommen Im Jahre 1917 war eine weite Vergrößerung der bombenwerfenden Geschwader zu konstatieren und die Bomben hatten sieben und ein halb Mal an Größe zugenommen. Weitere Zunahme zeigte sich in 1918, und während der ganzen Zeit nahm auch der Bereich der Angriffe ständig zu In 1919 werden Berlin, Hamburg, Braunschweig und Hannover sich bequem im Angriffsbereich befinden — wenn wir nicht inzwischen Frieden schließen.

説明不要の地図

1914年、英国の町に行われた攻撃に対する、英国空軍飛行隊による報復攻撃は、小規模で小型の爆弾によるものだった。1915年に、その規模は大きくなり、投下した爆弾も大きくなった。1916年には、その規模も爆弾の大きさも２倍になった。1917年では、爆撃飛行隊の編成も拡大し、爆弾の量も７倍となった。1918年にはさらに増加した。調査の期間中、攻撃の範囲は着実に広がっていった。1919年に、もし和平ができないと、ベルリン、ハンブルク、ブランズウィック、ハノーファーは簡単に攻撃範囲内に入るだろう。

第五章　敵国ドイツからの賛辞

ドイツ国内に浸透するプロパガンダ

敵国ドイツの報道が英国のプロパガンダに関する編集記事を出したり、政治的、軍事的指導者たちがどのような内容を発言したかについて、プロパガンダ担当者たちは、細心の注意を払っていた。

一九一八年八月には、我々のプロパガンダが発表した最近の戦況で、ドイツ国民は不安に陥ったと報じられた。それ以来、せき止められていた水がダムを決壊させるように、各方面から怒りの声が英国の対敵プロパガンダ機関、クルーハウスに、洪水のように押し寄せてきた。

ドイツの将軍たちは、新聞の編集者たちと競うように呪いを投げつけたが、特にノースクリフ卿は中傷すべき最大の標的となった。そして、その頃にはドイツ国内の僻地にまで入り込んでいたリーフレットの悪影響をドイツの兵士と国民が受けないようにと、将軍たちは願っていた。

これらの激しい反応は、ドイツ人が捕われかけていた敗戦への恐怖の表れであり、英国が正確に分析していたように、劇的な終戦を一九一八年一一月に迎える前兆であった。

ドイツ政府でさえ、英国プロパガンダの恐ろしさを書き記した出版物を検閲で差し止めるのは賢明ではないと感じていた。ドイツ全土に真実の波が押し寄せるのを止められなかったのである。

陸軍省のジョージ・マクダノー卿が率いる部門とクルーハウスによるプロパガンダの効果を、ドイツ側がそれと意識しないまでも、認め始めたという事例は多く、敢えてここに挙げる必要はないだろう。

まさにドイツ軍国主義の権化であり、ドイツ国民の戦争における偶像であったヒンデンブルク元帥が書き記した声明の内容が、たぶん、その最良の例だろう。ここにその注目すべき文章を挙げよう。

ヒンデンブルク元帥の激しい反応

我が軍は敵軍との激烈な戦いを続けている。もし、軍隊の多寡のみが勝敗を決するならば、ドイツ軍ははるか以前に打ち倒されていたかもしれない。しかし敵側は、ドイツ軍とその同盟国が、武力だけでは征服されないと知っている。我が兵士たちと我が国民の中にある士気が征服を難しいものにしていると敵は分かっている。

それゆえ、敵は武力による戦争とともに、ドイツ精神に対する戦争をも挑んでいるのだ。敵は我々の精神を毒することを狙っていて、ドイツ精神が蝕まれるならば、武力もまた力を失うと信じている。

我々は敵のこの企てを軽く考えてはならない。敵はさまざまな方法で我々の精神を攻撃してくる。敵は前線を集中攻撃する。それは大砲による集中砲火のみならず、印刷された紙という形の集中砲火である。身体を殺す爆弾だけでなく、敵の飛行士たちが投げ落とすのは魂を殺そうとするおびただしいリーフレットである。

我々の兵士たちが拾い集めた敵のリーフレットは以下の通りだ。

一九一八年五月に………八四、〇〇〇部
六月に……一二〇、〇〇〇部
七月に……三〇〇、〇〇〇部

なんという膨大な増加であろうか！　七月には毎日一万本の毒矢が放たれたのだ。その一万本は、それぞれの個人が我が国の大義を信じることを妨げ、最終的な勝利に向けた力と自信を奪うために放たれたものだ！　加えて、我々の手元に届いていない敵国のリーフレットはさらに多くを数えるに違いないと思われる。

家庭の精神をも毒そうとしている（ヒンデンブルク元帥の声明・続き）

しかし敵は前線での士気を攻撃するだけでは飽き足らず、何よりも、ドイツの家庭での精神を毒そうと望んでいる。前線兵士の力の源は家庭にあることを知っているのだ。

実際のところ、敵の飛行機や気球は、ドイツ本国の奥深くまでリーフレットを運んでくるわけではない。敵が武力による勝利を求め、空しい戦いを繰り広げている前線にまでリーフレットを運ぶのが精一杯なのだ。しかし、敵は、空から無害な様子でひらひらと落ちてくるリーフレットを、我が軍兵士の多くが家庭に送ることを狙っている。

家庭でビールを飲みながら、あるいは家族団らんで、また縫物部屋、工場、街角でリーフレットが話題になり、人々の手から手へと渡される。何の疑いも持たず、何千人もの人々が毒を飲まされるのだ。何千人もの人々が戦争の重荷を感じるようになり、勝利への意志と希望が失われていく。

これらの人々は全て、自分の疑念を前線に書き送るので、アメリカのウィルソン、英国のロイド・ジョージ、フランスのクレマンソーは、満面の笑みを浮かべるのである。

敵は別の方法でもドイツ家庭の精神を攻撃する。ドイツ国民の心の抵抗力を挫こうとする馬鹿馬鹿しい噂が広められる。そのような噂が、同時にスイス、オランダ、デンマークでも聞こえてくる。そういう噂は大波のようにドイツ本国全体に押し寄せる。我が国の最も僻遠の地であるシレジア、東プロイセン、ラインランドといった地方でも、詳細まで同じような奇怪な噂が流れ、噂の元からドイツ全土へと広がっていく。

この毒は休暇中の兵士の間にも広まり、彼らの手紙は、また前線に送られる。その結果、また敵は揉み手をして喜ぶのだ。

敵は非常に巧妙である。わずかな毒をどう混ぜ込むかをよく知っている。敵は前線の我が戦士たちをかくのごとく誘惑する。あるリーフレットはこのように語りかける。

「ドイツの兵隊さん！ フランス人がドイツの捕虜を虐待しているというのはいいかげんな嘘ですよ。わたしたちはけだものではありません。だから、怖がらずに出て来てください。こちらに来れば手厚い歓迎と、美味しい食べ物と平和な避難所がありますよ」

これについて、言葉に表せないような困難を乗り越え、敵の監視下から脱走してきた勇敢な男たちに尋ねるがよい。所持品をすべて奪い取られ、針金を張り巡らせた収容所で、屋根もない場所で、飢えと渇きに追い立てられて、裏切りの言葉を口にさせられて、殴りつけられ、殺される恐怖にかられ、仲間を裏切ることまで強いられ、平手打ちされて、フランス市民に汚物を投げつけられ、重労働に駆り立てられる。それが敵の描き出す楽園の現実の姿である。

そこがいかに快適かを書いた捕虜たちの手紙の写しが投げ落とされる。ありがたいことに、英国やフランスの収容所には寛大であり人間味のある所長もいるだろうが、それは例外である。そして敵が投げ落とす捕虜の手紙は、ほんの三、四種類だけだ。けれども、彼らはそれを何千部も印刷して複製したものを送る。敵は気の弱い者を、こうして怯えさせる。

「ドイツ軍の戦いは絶望的だ。アメリカは決着を付けようとしている。ドイツの潜水艦は何の役にも立たない。我々はドイツが沈めた船よりももっと多くの船を造っている。戦争が終われば、あなたたちは資材や資源が手に入らなくなり、それでドイツの工業は死滅する。そして植民地はもはやドイツに戻ることはないだろう」これが変わらぬリーフレットの論調で、誘惑と脅しを繰り返すのだ。

ドイツに関する事実と幻想（ヒンデンブルク元帥の声明・続き）

果たして現状はどうなのか？　アメリカの参戦にもかかわらず、我々は東部戦線に平和をもたらした。そしてアメリカの参戦があろうとも、西部戦線で平和を達成するだけの力はある。しかし、我々は心を強く持ち、団結せねばならない。これこそ、敵がリーフレットや噂によって押しつぶそうとするものだ。敵は信念と自信を、意志と力を我々から奪い取ろうとしている。

我々と戦うために、なぜ敵は新たに連合する仲間を探し続けているのか？　なぜ敵は、いまだに中立的な国々を引き込んで、我々に敵対させようとしているのか？　なぜなら、それは戦闘力において敵と我々は互角だからだ。

敵はなぜ黒人や有色人種をドイツ軍兵士たちと敵対するよう扇動しているのか？　なぜなら敵の意志は我々を破壊することだからだ。

また、敵はこうも言っている。

「ドイツ人たちよ、あなたの国の政府の形態は誤っています。ホーエンツォレルン朝と戦うのです。資本主義と戦うのです。我々連合諸国と協力するのです。そうすればあなた方の政府はもっと良いものになります」

敵は我が国、我が帝国の強さを実によく分かっている。だからこそ、敵は我々と戦おうとしているのだ。また、敵はドイツの政治体制の古傷を引き裂こうとしている。リーフレットと流言によって、ドイツの同盟諸国に分裂と不信をもたらそうとしている。

ドイツ、オーストリア、スイスの国境に位置するボーデン湖で、我々は南ドイツのバイエルン州に運び込まれようとする何千枚ものリーフレットを押収した。それは、北ドイツの人々に向けた怒りを煽ろうとして作られたものだ。敵は、何世紀ものドイツ人の夢であり、我々の父祖が自分たちのために勝ち取ったドイツ帝国を破壊しようとしている。敵はヨーロッパ全土を荒廃させた三十年戦争におけるドイツの責任を非難しようとする。

敵は、我々の同盟相互の忠誠心を揺さぶろうとする。敵はドイツ的な方法、ドイツ人の言葉の重みを分かっていない。英国と連合している敵は、そのために死を迎えるのである。

祖国への裏切り者たち（ヒンデンブルク元帥の声明・続き）

そして最後に、敵は危険なことに毒矢を印刷用インキに浸して、ドイツの人々の、ドイツの新聞発言として射かけてくる。ドイツの新聞の記事は、その前後の文脈から切り離されている。そのように繰り返されるドイツ人の発言は、意識的にせよ無意識にせよ、常に祖国への裏切り行為となるのを忘れないでほしい。

そういったドイツ人の多くはドイツ国外や中立国に住み、我々の戦いや困難を共にせず、裁判によって国家や皇帝陛下に対する大逆罪にも処せられることもない。また、過激な政党の闘士も、ドイツ人一般について語る資格がない。

我々の強みであり、また弱点でもあるのは、我々は戦時下であってもさまざまな意見の発表を制限していないことだ。我々は、敵の軍事報告書や敵の政治家の演説を新聞に再録することを許しているが、これはドイツ軍とドイツ国民の精神を直接攻撃する武器ともなる。

しかし、これは我々の力強さを意味し、実力があるという自覚を証明している。また一方で、それは弱点でもある。なぜなら、敵の毒が我々の中に入り込むのを許しているからである。

ゆえに、ドイツの兵士たちよ、ドイツ本国の人たちよ。もし、このような毒の一つが、リーフレットや噂としてあなたの耳目に触れたとしたら、これは敵からのものであることを忘れてはならない。敵から送られたもので、ドイツに有害でないものはないと覚えておくこと。地位や支持政党のいかんに関わらず、全ての人々はそう意識せねばならない。

もしあなたが、名前や出自がドイツ的でも、その行為や性格で、敵を支持する人に会ったなら、その人とは距離を保ち、軽蔑して、公衆の面前でさらし者にして、真のドイツ人がその人を軽蔑するようにせねばならない。

あなた自身を、ドイツ軍を、そして祖国ドイツを守るのだ！

これらリーフレットのうちで、回収されたのはほんの一部に過ぎないというヒンデンブルグの恐れは、まさに根拠のあるものだった。彼がここに挙げた数字からみると、何十万枚ものリーフレットが「制服の人、つまり兵士たち」によって本国へと送られていたにちがいない。

このヒンデンブルク元帥の声明全体は、心理学的にも非常に興味深い。希望が遠のき、困惑が次第に絶望となり、絶望が激しい怒りと憎悪の種をまいたのである。情勢がこのように嬉しくない方向へ陥っていったため、彼は罵詈雑言を口走った。そのために、連合国のプロパガンダがドイツ軍とドイツ国民に及ぼしている効果について、重要な手がかりを与えてしまったのである。

このような強力な声明に続いて、他からも悲鳴が聞こえてくるのは驚くことではない。そしてすぐに、次のようなドイツ第六軍のオスカー・フォン・フーチェル将軍の署名の入った注目すべき通信を入手した。

フーチェル将軍の通信より

敵は、海上封鎖や兵士の数、あるいは武器の威力だけでは、我々を粉砕できないと理解し始めた。それゆえ、敵は最後の手段を試みている。軍事力を最大限に発揮する一方で、敵は想像力をふり絞って、過去に駆使したありとあらゆる計略や詐術、その他いろいろと狡猾な手段を動員して、ドイツ人の心中に、ドイツの不敗伝説を疑うように仕向けている。

この目的のために、敵は特別な組織（「ドイツの自信を破壊する機関」）を設立し、その代表に全連合国の中でも最大の悪人であるノースクリフ卿を任命した。彼は何十億もの予算を与えられ、金で雇った代理人を使って、ドイツ国内や前線での人々の考えに悪影響を与え、当方の大使を暗殺するなど、連合国側を利するありとあらゆる手段を取っている。

前線におけるノースクリフ卿のやり方は、増え続けるばかりのリーフレットやパンフレットを飛行機によってばら撒く方法である。

ドイツ人捕虜の手紙は最も恥知らずな方法で捏造されたものだ。ドイツの詩人、作家、政治家の名前を冠して偽造された論文やパンフレットがでっち上げられた。また、ドイツの出版社によるレクラム世界文庫のシリーズと題して、あたかもドイツ国内で印刷されたかのように見えるものもあるが、実はそれは、同じような目的のために、昼夜を問わず稼働するノースクリフ卿の印刷所からやって来るものだ。

こういった偽造品は、物事を改めて考えようとする思慮深い人にとっては、自ずと偽造だと分かるかもしれない。

しかし自分で考えない人々の心中では、ほんの一瞬ながらも疑念を生じさせ、指導者に向ける信頼、自らの力への信頼、ドイツの尽きざる財源への信頼が打ち砕かれてしまう。

幸いなことに、ノースクリフ卿と「ドイツの自信を破壊する機関」は、ドイツ軍兵士たちが黒人でもヒンズー教徒でもなく、このような策略を見破る能力のない、無学なフランス人、英国人、アメリカ人でもないことを忘れている。

年若く経験の乏しいあなたの同志たちに、このような忌まわしい策略について説明すべきである。そして許しがたい敵の狙うものは何か、何が危機に瀕しているかを、説明すべきである。リーフレットやパンフレットを拾ったら、隊長に渡し、指揮官に届けるべきである。それによって、司令部は敵の目的を推測できるかもしれない。それは価値あることであろう。そのようにして、司令部を助け、勝利の時を早める助けとなるのである。

リーフレットを届け出ると報奨金がもらえるが…

ノースクリフ卿が莫大な金額を費やしているという敵側の主張は、笑止千万である。すでに見てきたように、ノースクリフ卿の在任中、これらの業務遂行の総予算は、英国が戦争で一日に費やす金額の一〇〇分の一より、かなり少なかった。

連合国側が入手したドイツ軍の命令書によれば、リーフレットが敵の兵士たちに巻き起こした効果がいかに大きかったかがよく分かる。将校も兵士も、ただちにリーフレットを上官に届けないと、厳罰に処すと脅されていた。一方で、これまでになかった新しい種類のパンフレット、本、リーフレット、写真を上官に届けた場合の報奨金は以下のとおりであった。

新しい種類のものには三マルク（三シリング）。
それ以外のものには三〇ペニヒ。（四ペンス）。
本一冊には五マルク（五シリング）。

ルーデンドルフは、プロパガンダの影響がドイツの軍隊だけでなく、一般市民にまで及んでいることに気づいていた。それが以下の命令書に表れている。それは以下のとおりである。

本国から我々に送られてくる不満の数が急増している。それは、前線から休暇で帰省している兵士たちが、ドイツ皇帝陛下に対する大逆罪や不服従の扇動に近い言動を弄して、非常に好ましからざる影響を周囲に与えていることだ。このような数々の実例が、個人だけでなく、ドイツ軍全体の名誉と尊厳を冒瀆し、さらには本国の人々の士気に破滅的な悪影響を与えるのだ。

ドイツ軍の前線にいた「ある上級将校」は、一九一八年一〇月三一日付の『ケルニッシュ・ツァイトゥング』紙で、前線から撤退した結果、引き起こされたドイツ軍全体の軍紀の乱れについて、このように記述している。

我々に最大の打撃を与えたのは、なによりも、毎日一〇万枚も敵が空から落とすリーフレットによる紙の戦争であった。それは実に巧妙に編集され、効果的にばら撒かれた。

これは、その前月、外務省が受け取った報告書がはっきりと裏付けている。それにはこう書かれていた。

連合軍の航空兵が投下するリーフレットの効果は、今やますます増大している。以前ならばその場で捨てられたり笑いとばされていたものが、今は人々が手に取って、熱心に読んでいる。最近の戦局によって、ドイツ市民と軍人の士気が大きく揺さぶられているのは確かである。これらのリーフレットがドイツ軍兵士の心理に及ぼす害毒について、もしも連合国側がこのような状態を知っていたなら、銃弾での攻撃をやめて、紙の爆撃だけにしたはずだと、前線から戻った将校の一人が語っていたのも、当然だろう。

脅迫や賞金があっても、兵士たちはリーフレットをドイツ軍司令部に渡さなかったことは、終戦に至る四カ月間に捕虜となった兵士たちの証言にはっきり表れているし、ほとんどの捕虜が英国のリーフレットを持っていた事実からも明らかである。

その内容で、特に関心を惹いたものは、戦争を始めたこと、毒ガス攻撃の実行、無防備都市の爆撃に対するドイツの責任について、さらにツェッペリン飛行船の攻撃が無効だったこと、Uボートが連合軍の食糧や兵員の輸送を阻止できなかったこと、アメリカ軍の参戦、連合軍の戦争目的、ドイツと英国の食糧事情の比較、ドイツの社会主義寄りの新聞の抜粋などである。

当初はドイツ軍が占領したものの、後に連合国側が奪回した地域の住民は、ドイツ軍兵士たちへのプロパガンダが士気の低下や脱走兵の増加として、効果が現れていたと証言した。

ドイツ側のプロパガンダ組織は

ドイツの政治家や新聞各社は非常な衝撃を受け、ドイツ側からの反プロパガンダを行う組織設立の必要性を熱心に主張した。F.シュトシンガー氏は、『フランクフルター・ツァイトゥング』紙で、「あらゆるものの中で、英国のプロパガンダが最も手が込んでいて危険である」と表現した。そして「数えきれないほどの」その活動について論評している。陸軍大臣のハーマン・フォン・スタイン将軍は「プロパガンダについては、敵は我々より優秀なことは疑いがない」とまで称賛している。(『ベルリン・モーゲンポスト』紙、一九一八年八月二五日。)

『ライニッシュ・ヴェストフェーリッシェ・ツァイトゥング』紙はこのように述べている。「いずれにせよ、英国のプロパガンダ機関は必死に活動していた。もし、ドイツが同じようなプロパガンダを行っていたならば、多くの状況は今と異なっていたに違いない。しかし、極めて残念なことに、我々は全く準備ができていなかった。しかし今、それが間違いだったことを我々は学んだのだ」

『ドイッチェ・ターゲス・ツァイトゥング』紙はこう述べている。「我々ドイツ人は、ドイツ参謀本部を誇りとしている。我々は、敵司令部をドイツ参謀本部の足元にも及ばないと思っている。ところが敵には素晴らしいプロパガンダ司令部があるのだが、我々にはそのようなものは何もないのである」

ドイツにプロパガンダ司令部がないことについて、厳しい非難が何度も繰り返された。英国プロパガンダの内容が明らかになるにつれ、人々は非常に神経質になり、その結果あらゆる種類の荒唐無稽な噂が飛び交い、それがドイツ全土に広まっていった。それがノースクリフ卿の組織の仕業とされた。

一九一八年八月、ドイツ帝国の領邦国家であるバイエルン王国の下院議会で、バイエルンの陸軍大臣、フィリップ・フォン・ヘリングラス将軍は次のような演説を行った。

「これらのうわさは、敵側が秘密情報部員を使って国内に仕掛けている断固たる手練れの扇動そのものである」

『ベルリン・ローカル・アンツィガー』紙の編集者、ヒューゴ・フォン・クプファー氏は、このような噂について、「人心を攪乱する嵐、愚かなる恐怖、犯罪的な無責任の合体したお祭り騒ぎである」と言って、さらにこう述べたのである。

「最も大切な事は、この噂の根源は何か、そして噂の目的は何かをよく心に留めておくことである。この噂の目的は、我々の士気を挫くことによって、単なる悪夢だったものを現実化することだ。よほどの盲目でないかぎり、こういう噂は、厚顔無恥な欺瞞で、ドイツ人の神経をずたずたにすべく設立された英国の組織から流れ出たものだと分かるだろう。英国陸軍の大プロパガンダ組織の首魁であるノースクリフ卿は、まさに全世界の歴史において、さらし者として嘲笑されるべき輩である。

このプロパガンダの目的を疑う者はいるだろうか？　誰もが分かっているのだ。この妄言虚言作戦の嘘吐き大将軍は、悪魔のような狡猾さと、ほとんど感動的なまでの手腕を持ち、中立国を通じて虚言の奔流を広めるため、その手中に無限の予算を握っていることを。

ノースクリフのプロパガンダは実に抜け目がなく、簡単に論破できるような新聞記事を使おうとはしない。さらに我が国や同盟国に浸透して、あらゆる種類の言葉を媒介に、不安、不誠実、恐慌を引き起こすという、さらに輪をかけた巧妙な方法を採っている。

こういった目的のため、悪人どもが組織的に金で雇われている。彼らがでたらめな話をドイツ国内に広め、戦局に関する我々の平衡感覚を乱すのだ。これが現実である。心に留めておかねばならないのは、これらの噂には元々真実のかけらすらないにもかかわらず、洗濯女の無駄話を福音書のように何度も繰り返すような、ノースクリフのプロパガンダに乗せられないことである」

ハンブルクでも情勢はほぼ変わらない。この港湾都市で影響力のある海運業関連の『ハンザ』紙は、九月一四日に次のような記事を掲載した。

「神に感謝を！　この戦時下のドイツ人として、市民としての義務が何かを理解し始めたのだ。我々はいたるところで、失望、不満、憂鬱、不平に出くわしている。しかし、これらの悪夢の幻影がどこから来たのか、我々はきちんと分からなかった。前線から伝わる好ましからぬ報告が密かに耳打ちされることや、口から口へとあやふやに伝わる誇張されたドイツ軍の敗北のニュースが、何を意味するのか、我々には理解できていなかった。ある者が、また別の者が聞いたこと、常に語られたことは戦況の悪い噂である。明確な事実は誰にも分からなかった。ただ、何となく仄めかされた不気味なものが伝わって来た。

それゆえ、ドイツが敗北するという恐れが表に現れてきた。我々の周囲に、そういった目に見えないものが立ち込めて、精神の均衡を崩し、憂鬱な気分にさせたのだ。疫病とか、有毒なバクテリアのように、それはドイツの空からあちこちへと飛び散っていく。

それは一体どこからが来たのか？　誰が運んで来たのか？　我々は知っている。ドイツ人の意志の力を挫こうとする大本を、我々は今認識できる。それは英国の指導のもとで、連合諸国が長い準備期間を重ねて実現したプロパガンダ戦にある。そしてこれは、道徳観念が欠如した、無節操なやくざ者のノースクリフの特別な指揮下にあるのだ」

九月一一日の『ケルニッシュ・フォルクス・ツァイトゥング』紙で、前線からの手紙はこう語る。

「何千というリーフレットが、兵士たちを憂鬱にさせ、絶望させるために、あるいは敵方の陣営へ脱走させ、投降させるために、一定の地域とその周辺に雨のようにばら撒かれた。それは、公然と、あるいは秘密裏に行われている戦闘である。特に後方では、精神力を衰えさせ、絶望を引き起こす。ここに書いてあることで、かつてはあたかも神と見まごうばかりだったヒンデンブルク将軍の名声も色褪せている、それは連合国軍の日々の進軍の様子からも明白である、そのためドイツの軍隊は勇気を失い、中隊規模で敵側に投降している、といった内容である」

もう一通、八月二〇日付けの同じ新聞に掲載された手紙では、こう書かれている。

「敵軍は最近、大変勤勉に空中からリーフレットを配布している。私はこれらのリーフレットのうち二部を持っている。疑いもなく、我々の敵はこういったものを書くことに極めて優秀で、よほど心してかからないと、感化されてしまうのだ」

このようなプロパガンダが、かくも大きな影響を与えるという事実が、もう少し早く分かっていたら、ドイツはこんなにも悩まされなかったことだろう。これは戦争特派員も、ドイツ軍の将軍たちも等しく認めていたことである。

W.ショイエルマン氏は『ノルドドイッチェ・アルゲマイネ・ツァイトゥング』紙（一〇月三〇日）に次のように書いている。

「我々ドイツ人は、今年の秋に初めて、今まで気付いていなかったことを学んだ。それは前線にあるドイツ兵の精神力が極めて重要であり、指揮にあたっては、これに十分注意を払わねばならない。兵士の精神力を推し量るのは難しいので、より注意深く評価しなければならない」

英国のプロパガンダは偽りだという非難は根拠がない。というのは、常にただ事実のみを語るように

ノースクリフ卿への不名誉メダル

努めてきたからである。その結果、ドイツ人は自国の公式発表を信じないようになった。

九月一一日の『ケルニッシュ・ツァイトゥング』紙が報じた内容によれば「今やわが愛すべき祖国には、ドイツ軍の公式発表を信用せず、敵の嘘だらけの曖昧な報告を信じてしまう無邪気で純真なドイツ人がたくさんいる。そうではなくて、実は反対だと説明するのは、誰にも感謝されないし、割に合わない仕事だが、やらねばならない」。

実際のところ、ドイツ国民全体に真実を隠蔽しようとするのも、感謝されない仕事である。「あなたの兄弟、息子、夫に、敵のリーフレットを信じないよう警告しなさい」というのが、一〇月二〇日付けの『ケルニッシュ・フォルクス・ツァイトゥング』紙の「ドイツ女性への十戒」と題する記事の中にあった。しかし、ドイツの抵抗勢力が煽り続けてきた虚偽の体制を維持していくには、時はすでに遅かった。

終戦後の一九一九年七月、アルノルト・レヒベルク氏は『テーグリッシェ・ルンデシャウ』紙にこう書いた。

「世界大戦における英国の勝利に、ノースクリフ卿が大きな貢献をしたことは疑うべくもない。戦時中の英国プロパガンダ戦での彼の指揮は、比類なき偉業として、いつの日か歴史の中にその場を占めるであろう。戦時中のノースクリフのプロパガンダは、ドイツ人の国民性とその知的特徴を……正確に見切っていたのである」

ルーデンドルフの戦後の賛辞

裏に隠された動機がない場合、敵からの称賛は、普通は偽りのないものとして受け入れることができるだろう。前述した内容のほとんどは、基本的に戦時下の自国民に対する警告であった。そして、連合国のプロパガンダに対する称賛は、あくまでも間接的なものだった。

しかし、ドイツとその同盟国に対する敵愾心が消えた時、それまでの憎悪やうぬぼれが、冷静な理性的論理へと場をゆずる。ルーデンドルフは、一九一六年から終戦まで第一兵站総監を務め、ドイツ軍の指導者の中で最も聡明な一人とみなされていたが、後に『戦争の記憶』（ハッチンソン社、ロンドン）という本を執筆した。彼はその名声に対して敬意を払うべき人物だが、彼はプロパガンダについて多くの価値ある見解を語っている。

彼はひとつの重要な教訓を得て、こう書いている。「優れたプロパガンダとは、実際の政治の動きよりも先行していなければならない。周囲からは、そう見えないように、政策を主導しながら、国民の意見の鋳型を作るようにせねばならない。これは、ノースクリフ卿の組織が成功を築き上げた、偉大な基本原理と同じである。まずプロパガンダを始めてから、それで方向性をまとめようとするのは、方向性の定まらないままプロパガンダ戦を指揮したり、矛盾する方向性に向かうのと同様に破滅をもたらすのだ」。

このような理由から失敗した例は数限りなく多い。しかし、クルーハウスが指揮した諸作戦の歴史を学ぼうとする者は、行動を起こす前に、敵国それぞれの政治的、経済的、軍事的な状況を支配するさまざまな要因について、綿密な調査をしていることに、誰もが気づくであろう。

『タイムズ』紙の社説によれば（一九一九年一〇月三一日）、ノースクリフ卿の仕事は「かつての賞賛すべきだが、骨の折れる努力を払った人々とは異なっていた。それはルーデンドルフが示した、まさにその行動原理を、ひとつの確固たる方針として実行したのである。それぞれの敵国に対する明確な方針を事前に確立してから、プロパガンダを行うのだ。さもなくば、プロパガンダは場当たり的な、その日暮らしのようになってしまう。これはノースクリフ卿と彼を助けて共に働いた専門家たちにとっては自明のことであった」。

ルーデンドルフは、英国とドイツのプロパガンダ組織を比較して、ドイツ側ははるかに劣っていたと指摘している。彼は、ドイツ軍兵士の士気の低下、ひいては軍隊の敗北は、英国のプロパガンダとドイツ本国での市民の自信喪失によるものだと言っている。ドイツ市民の士気低下は、英国のプロパガンダと、ドイツ政府がそのプロパガンダを阻止できなかったことから生じたと考えた。英国のプロパガンダについて彼はこう書いている。

（以下の部分はドイツ語からの英訳である）

世界大戦が終わった後、英国首相ロイド・ジョージは、ノースクリフ卿が遂行したプロパガンダ活動に対して、英国あげての感謝を捧げた。ノースクリフ卿は大衆心理の誘導に精通していた。英国のプロパガンダ攻撃は、ドイツと国境を接する中立国からの、特にオランダとスイスのさまざまな報道や印刷物を入手して行われたのである。オーストリアからも同じような方法でドイツ人を攻めたてて、最終的にはドイツ本国でも空からのプロパガンダ攻撃を行った。

このような方法と規模によって敵からの攻撃を受けたため、多くの人々は、もはや自分自身の考えと敵のプロパガンダ情報との区別がつかなくなってしまった。

敵のプロパガンダが、我々ドイツ軍に対してかくも効果的であったのは、一つの理由がある。我々は戦争遂行にあたって、兵士の数ではなく、軍隊の質の高さを重視していたからだ。戦争において、数の重要性は議論の余地がない。兵士の数が足りなければ戦争は不可能である。しかし、兵士を奮い立たせる精神力が乏しければ、勝利は困難である。それは国民生活でも、戦場でも同じである。

戦争の重荷に耐え抜く精神的な覚悟がある限り、世界中を相手に戦い、戦争を続けることができた。そうである限り、我々は勝利への希望を持ち、我々を絶滅させようとする敵の決意に屈することを拒んだ。

しかし、戦いへの士気が消え失せてしまうと、全てはすっかり変わってしまった。我々は最後の血の一滴まで、戦うことができなくなった。多くのドイツ人はもはや故国のために死のうという気概を持たなくなった。

本国で、市民からの信頼を失ったことで、我々の精神力は悪しき影響を受けた。本国への攻撃や、軍隊の精神力への攻撃は、連合諸国が我々を征服するために利用した主な武器であり、この精神力がなくなった時に、軍隊が勝利するあらゆる希望は失われた。

ドイツの対敵プロパガンダについて述べるほとんどの場合、ルーデンドルフは嫌悪の情を隠そうとはしなかった。彼は、ドイツからのプロパガンダは、全くドイツの役に立たなかったと考えていた。

「我々の政治的な目的や決定は、常に世界に向けて唐突に発表されるので、単なる野蛮で暴力的なものに思われてしまった。もし、もっと広い先見の明があるプロパガンダが行われていたら、こういった事態はうまく避けられたはずである……。ドイツのプロパガンダは困難な中に進められた。我々のあらゆる努力や、その成果は、任務の重要性に比べると不十分だった。敵国民に対してなんら実質的な効果を与えられなかった。

我々は敵軍と対峙する前線でもプロパガンダを行おうと試みた。東部戦線でロシアが崩壊したのは、ロシア自身に起因するもので、我々のプロパガンダは二次的なものに過ぎなかった。

西部戦線では、敵の前線が、敵本国からの世論の影響を受けにくかったため、徐々に行った我々のプロパガンダは成功しなかった。ドイツは、敵国民の士気に向けた戦いに敗れたのである」

ルーデンドルフは何度も、プロパガンダの及ぼした効果について実例をあげている。例えば、一九一八年七月一五日からのドイツ軍による最後の攻勢（訳注：マルヌシュッツ・ランス作戦、別名第二次マルヌ会戦）の直前には、こう書いている。

ドイツ軍は敵のプロパガンダに対して不満を鳴らしている。ドイツ本国の情勢によって、軍隊が影響を受けやすくなっていたのだ。……敵のプロパガンダは、リヒノフスキー公爵のパンフレットを取り上げていた。

このパンフレット自体については、私自身も説明できないのだが、開戦の責任はドイツ政府にあると書かれている。ドイツ皇帝や首相が繰り返し、それは連合国の責任だと断言したにもかかわらず、である。

……わが軍隊は文字通り、雨のように降りしきる敵のプロパガンダ出版物で埋め尽くされた。その危険性を、我々ははっきりと認識した。そのような印刷物を差し出せば、賞金を出すと司令部は言っていたが、そのような印刷物によってわが兵士たちの心が蝕まれていくのを防ぐことはできなかった。

英国当局は、ルーデンドルフが記した以上のさらなる効果は望んではいなかった。このような効果を認めたことは、最高の達成感を呼んだのである。

第六章　対ブルガリアのプロパガンダ作戦と他の活動

対ブルガリアのプロパガンダにおける特有の難しさ

ブルガリアへの作戦はクルーハウスの活動目的のひとつではあったが、それは対オーストリア・ハンガリーのプロパガンダとも、対ドイツのプロパガンダとも、すこし趣を異にしていた。

それは、バルカン諸国の複雑極まりない政治状況のためであり、また厳密に言うならば、アメリカ合衆国がブルガリアへ宣戦布告をしていないことにもあった。対ブルガリアのプロパガンダ方針の決定には、非常に繊細な表現をせねばならなかった。さもなくばセルビア、ルーマニア、ギリシアといった国々の感情を損ねる怖れがあったからだ。

ノースクリフ卿は外務省に向けて、対ブルガリア・プロパガンダの方針を示した報告書を提出する際に、次のようなことを指摘した。まず最初に、オーストリア・ハンガリーへの連合諸国の姿勢がはっきりしていなければならない。そしてノースクリフ卿と彼の相談役たちは、まずユーゴ・スラヴィアとルーマニアの問題についての連合国の方針を定義する必要があると考えていた。

一九一八年五月二五日に、ノースクリフ卿は外務大臣バルフォア氏に次のような手紙を書き送っている。

ノースクリフ卿の外務大臣バルフォア氏への書簡と、その返信

私は、ブルガリアとバルカン半島問題に精通した権威の助言を受けて、慎重に熟慮した結果として、このようなバルカン半島諸国への連合国側の方針の大枠として、次のような計画案を提出いたします。その枠組みの中で、ブルガリアへのプロパガンダが実行されるべきだと存じます。

私は、ブルガリアに対して確固たる方針を決定する前に、英国政府は南方スラブ、ギリシア、ルーマニアの、すなわちバルカン半島での諸問題への姿勢を明確にせねばならないと信じるものです。私は、閣下がこの点を十分にご検討下さるよう、願うものです。

英国と連合諸国の政府による、明瞭で包括的なバルカン政策の実行が、ブルガリアでのプロパガンダについて必要不可欠な条件であります。

このような基本政策がなければ、ブルガリアにおけるいかなるプロパガンダも、一方では連合諸国と、もう一方ではオーストリア・ドイツ同盟との、駆け引きの競争に終わることでしょう。

このような駆け引きは、セルビア人やギリシア人を落胆させ、彼らを連合国側から離反させる結果となるでしょう。しかもそのような駆け引きが始まれば、連合国側は敵と比べて不利な立場に

なってしまいます。というのもブルガリアは敵同盟国側の一員であり、既に駆け引きの対象となる領土を占有しているからであります。

バルカン半島諸国での連合国側の政策目的は、人種的な区分に可能な限り近づけた枠組の、領土的、政治的な永続的解決を実現することです。こうして、バルカン半島諸国の永久的な連盟を設立する道を開くことができるのです。

大戦前のブルガリアは、セルビア、ギリシア、ルーマニアが平和裡に支配していた領土を持っておらず、民族的にはブルガリアであっても、そういう領土を保有できていなかったのです。

一方、セルビア、ギリシア、ルーマニアが、彼らの領土の明け渡しを求められ、力ずくで追い出されることも、また公平ではありません。それは、彼らが人種的な区分に従って、セルビア・クロアチア（ユーゴ・スラヴィア）、ギリシア、ルーマニアの領土を併合できないのと同様です。

ゆえに連合軍の政策は、南方スラブ、ギリシア、ルーマニアの問題解決にあたって、可能な限り最大限の人種的な統合と独立を図ることになります。

ブルガリアの正当な主張を定義する場合、最も難しいのは、ブルガリア系マケドニアをどう区分けするかという問題です。マケドニアを人種的に考えるなら、セルビアとギリシアにとっては、経済的、軍事的に不公平となってしまいます。

ただしこの場合、国際的に保証される法律に従って、セルビアとギリシアがマケドニアを自由に通行できる権利を国際的に保証するなら、問題はまた別になります。

同様に、ギリシアがテッサロニキやカヴァラのような港湾を保有することは、ブルガリアには不利になります。しかしこの場合も、ブルガリアがこれら二港を自由に使用できる権利を与えられるならば、問題は変わってきます。

人種的に見たマケドニアをブルガリアが領有することについて、セルビアやギリシアが説得か、圧力によって了解しない場合は、マケドニアの独立も考えられます。しかしその場合は、マケドニア国内の秩序維持のために、国際的な憲兵隊がセルビアやギリシアの軍隊を抑え込み、またブルガリアの「プロパガンダ」から守る必要があります。マケドニアを独立させる利点の一つは、マケドニア系ブルガリア人の願いをかなえることで、彼らはブルガリアに併合されるより、独立する方がよいと考えるでしょう。

バルカン半島諸国に関する連合諸国の政策は、連合諸国から、あるいはアメリカ合衆国から、ブルガリアへと伝えねばなりません。ブルガリアを人種的に区分し、マケドニア地方を自治、独立させるのは、有能な連合諸国委員会によらねばなりません。もし可能なら、アメリカ合衆国の大統領が適任かと思われます。

連合諸国のブルガリアへの政策発表において、ブルガリアがもしこれを承認しないならば、無期限で経済的、政治的に排斥されること、その状態を逃れるには、これを受け入れねばならないことを、ブルガリア側に理解させることも必要です。逆に、連合諸国の政策をブルガリアが承認すれば、連合諸国からの財政的、経済的援助を受けられるとブルガリアに知らせる必要があります。

同時に、ブルガリアに向けて、これも伝えねばなりません。もしブルガリアが敵同盟国とのこれ以上の積極的な協力関係を停止するなら、連合諸国はブルガリアの東部国境として最小限でも、エノスとミディアを結ぶ線を与えると保証するでしょう。
もしブルガリアが積極的に連合国側と協力するならば、ブルガリアが希望する以上の国境線を、たとえばミディアとロドストを結ぶ線を、褒賞として与えるべきかもしれません。将来、シリストリアの地をブルガリアの領土とするかどうかも、戦争終結前のブルガリアの行動次第である、ということです。

このような政策の大綱に対する閣下のご意見をできるかぎり速やかにいただけませんでしょうか？

私はできるだけ早く、対ブルガリアのプロパガンダ作戦を開始するため、有能な使節をテッサロニキに送りたいと存じます。英国国王陛下の政府によって御裁可いただくまでは、彼らを出発させられませんので。

外務大臣バルフォア氏は一九一八年六月六日付けで返信を送っている。

五月二五日付けの貴下の手紙を注意深く考慮いたしました。手紙の中で貴下はバルカン諸国に向けた我々のプロパガンダがどのような方向でなされるべきかという考えを示された。

私は、貴下の政策に全面的に賛同するものです。

バルカン半島の問題解決について、我々がこうした方向で努力することは価値あることと思います。もちろん本件は現時点だと仮定によるものですが、このように聡明で目立たない形のプロパガンダが準備段階として先行するのは、敵に対してのみならず、友好国をも啓発するであろうと思われます。

ブルガリアに向けた四項目の予備条件

影響力を持つブルガリアの有力者たちは、戦局の流れを理解していて、連合国との交渉開始を歓迎するだろうことは、すでによく知られていた。しかし、どんな党派の者であろうと、ブルガリアの代表者と領土交渉を始めるのは不可能だった。

というのはブルガリアは、人種的に考えて所有する権利があるよりもはるかに広い領土を、すでに保有していたからであった。

一方では、ノースクリフ卿が書いた手紙にあるように、厳密な人種的枠組みの原理に従うなら、難問を生じてしまう。ブルガリアとの交渉は忍耐強く長く続けねばならないだろう。

しかし、その時点で当面のところ得策だと考えられたプロパガンダとは、ブルガリアの人々に避けようもなく降りかかるに違いない運命について語り、また自らの政策を全面的、かつ現実的に転換しないかぎり、連合諸国による救済や、彼らの苦しい立場を軽減する方法がない、ということであった。

四項目の予備条件が、ブルガリアとの関係確立のために必要だとされた。

(a) フェルディナンド国王とその一族を追放すること

(b) ドイツとの関係を完全に断絶すること

(c) 民主的な政府を設立すること

(d) 連合諸国とアメリカ合衆国の管轄のもとに、バルカン連邦の指導に従って、ブルガリアの国政を改革すること

これらの条件は、ブルガリアの特使が新しい首相のアレクサンデル・マリノフ氏と会談することを、秘密裏に打診してきた場合に適した回答、ということになった。

その後にクルーハウスは、「ブルガリアが自らの政策を完全に転換した証拠を示さない限り、ブルガリアからのいかなる提案をも、我々は受け入れを考慮するつもりはない」という内容の非公式なメッセージを伝える許可を得た。ブルガリアの政府関係者には、しかるべき時を選んでこのような意味合いを通知したが、このような確固たる考えに対し、マリノフ首相率いる政府は何らかの手段を講じないわけにはいかなかった。

その一方では、プロパガンダ用の印刷物が、これに沿った趣旨で用意された。たとえばリヒノフスキー公爵のものや、アメリカ合衆国の参戦準備に関する詳細を載せたものによって、さらに補強されたのである。

これらはブルガリア語に翻訳されて、印刷されたが、これらの作業はなかなか難しいものだった。それらの配布は、基本的には海軍、または陸軍の経路を通じて手配され、また他の敵国に対する活動を行う秘密機関を通して配布されたのだった。

ブルガリア語の新聞を印刷し、ブルガリアへ密輸入することは、最も骨の折れる仕事であった。数えきれない複雑な問題を解決しながら、あらゆる準備が進められ、まさにこれが始まろうとした時に、ブルガリアが降伏したというニュースが飛び込んできた。

これについても、ルーデンドルフはプロパガンダの効果について賛辞を送っている。「一五日（一九一八年九月）の数日後に、フランスの将軍の秘密報告書が手に入った。それによると、フランスは今やブルガリア軍からの抵抗を全く懸念していないとのことだ。連合国のプロパガンダとその資金、そしてブルガリアの首都ソフィアに残留していたアメリカ合衆国の代表が、この仕事を成し遂げたのだ。ここでもまた連合国は、良い仕事をしていたのである」（『わが戦争の思い出』より）

捕虜に向けた教育活動

敵国へのプロパガンダ活動の他に、クルーハウスは、英国における捕虜収容所での、捕虜の教育も引き受けた。

まず最初に必要だったのは、生まれつきの軍国主義という考え方の根絶だった。彼らの軍国主義的な意識がまだ粉砕されず、彼らの中に若干の幻想が残っている場合もあった。次には民主的な政府の長所を教え込まねばならなかった。またその国の政府とは、統治を受ける人々の自由な意思と賛同によること、少なくとも小さな一歩が正しい方向へと進んでいくことを、教え込むことだった。

このような心の教育を受け入れた捕虜たちは、帰国した時にこのような考えを同胞に伝えるだろう

平和条約後のブルガリア

し、友人への手紙の中に、彼らの考えの変化を書くことで、こういった教育の成果が実を結ぶのだ。

また英国中に散在する何カ所かの捕虜収容所には、陸軍省が任命したそれぞれの司令官がいた。準男爵の故チャールズ・ニコルソン卿は対敵プロパガンダ委員会の重要なメンバーで、クルーハウスのこの部分の仕事の責任を引き受けた。彼の仕事の進め方は、まず捕虜収容所の司令官一人一人と個人的に面談することだった。

それは司令官たちから、どのような新聞や本が捕虜収容所の中で閲覧を許可されているのか、また捕虜たちが最も好んで読む英語とドイツ語の新聞は何かを確認するためだった。そしてニコルソン卿は、この目的のために、すでに許可された本や新聞の一覧表を提供して、これが捕虜の間で広まるように図ることを提言した。そして捕虜収容所内の図書室にそういった新聞や本を置いたのである。

この目的にかなうと思われたドイツ語の新聞は、ウィーンの『アルバイター・ツァイトゥング』紙、『フォーヴァーツ』紙、『フランクフルター・ツァイトゥング』紙、『ベルリナー・ターゲス・ツァイトゥング』紙など。パンフレットでは、リヒノフスキー公爵の『わがロンドンでの使命』、ハーマン・フェルノーの『私がドイツ人だからといって』、カール・リープクネヒト博士の『司令官の法廷に宛てた手紙』、ウィルヘルム・ムーロン博士の『戦争におけるドイツ政府の罪』『ヨーロッパの荒廃』、アントン・ナイストロム博士の『裁判所の前にて』、それに加えてH.G.ウェルズ氏の『ブリトリング氏は考察する』のドイツ語訳、ジェームズ・W・ジェラード氏の『ドイツでの私の四年間』である。

捕虜たちが故郷の友人たちに出した手紙は当然のことながら、郵便検閲を受けた。時には、このような検閲によって、特定の捕虜が感化されやすいと分かった場合、このような捕虜には特にプロパガンダ用印刷物が与えられた。このような捕虜の郵便検閲は、また別の面で有益だった。戦争の原因とは何であったか、戦局の推移について、最終的に勝利するのか、敗北するのかについて、ドイツ人の心の中に流布している意見を確かめるのに役立ったのである。

事態はどうして間違ったのか

上の地図は「汎ドイツの夢」と題され、その下にはこう書かれている。

「ドイツの支配者たちは、皇帝とドイツ貴族のユンカーのための広大な帝国を実現しようと望み、戦争へと進んでいった。上の地図で影を付けた領土が、その領域のはずだった。それは、ドイツの剣に、世界の半分が服従することを意味したであろう」(『フォーヴァーツ』紙 1918年10月11日)

下の地図は「ドイツの覚醒」と題されている。その下には次の文がある。

これが今のドイツの姿である。ドイツの同盟国はこれ以上の援助を与えられない。ドイツ皇帝が「神から与えられた遺産」と呼んだものは、戦争が始まった時よりも小さくなる。しかし、ドイツの人々にはその方が良いだろう。彼らは独裁政治と軍国主義から脱出する。そして最後には自由の身となるのだ！

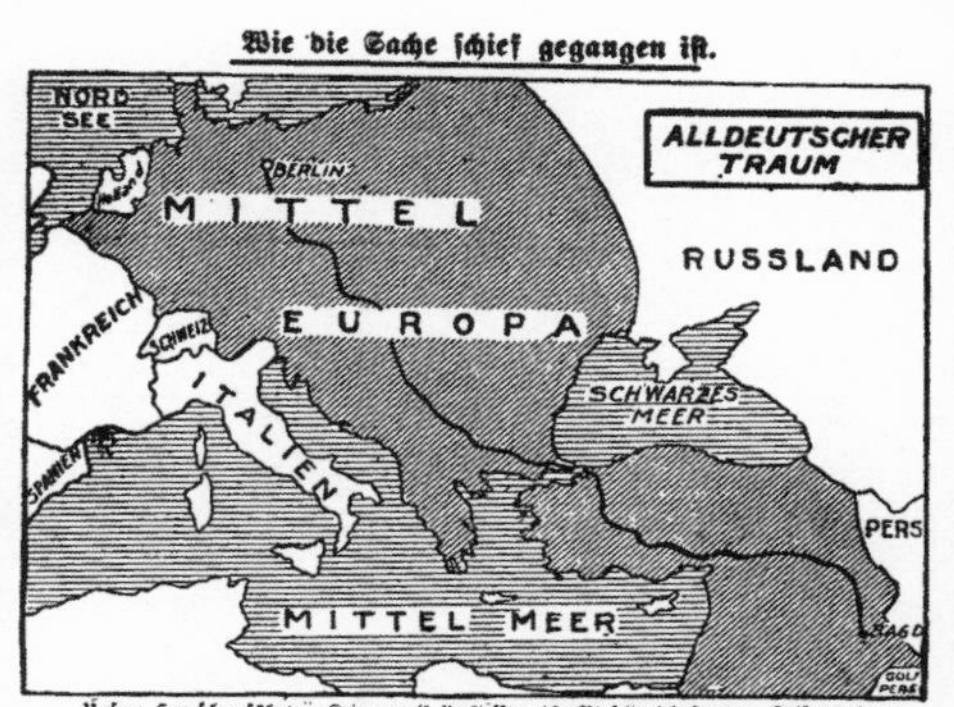

Unsere Herrscher führten Krieg, weil sie hofften ein Riesenreich für den Kaiser und die Junker zu schaffen. Alle die schraffierten Länder auf der oberen Karte sollten ihr Gebiet sein. „Es hätte die Unterwerfuug der halben Welt unter das deutsche Schwert bedeutet." — Vorwärts, Ott. 11.

So sieht heute das deutsche Reich aus. Seine Verbündeten können keine weitere Hilfe leisten. Was der Kaiser „das ihm von Gott verliehene Erbe" nannte, wird bald kleiner sein als es bei Kriegsanfang war. Aber das deutsche Volk wird besser daran sein. Sie werden der Autokratie, dem Militarismus entkommen sein E: dlich die Freiheit !

第七章　連合諸国の協力体制

プロパガンダの公理

クルーハウスで得た経験は、共通の敵に対する軍隊の命令が統一されねばならないように、対敵プロパガンダも系統立てた整理が必要だということを証明するものだった。方針の決まらないままにプロパガンダを行うのはもちろんよくないが、とはいえ水も漏らさぬ枠の中に、それぞれ異なる国で独立して動いている各国プロパガンダの代表が閉じ込められるのも、問題である。そうなると、敵側の知識層から真剣な注目ではなくて失笑を買い、敵側の無知な大衆には、矛盾した考えや混乱を呼ぶ結果となるだろう。

来るべき戦争における連合諸国のプロパガンダの原則は、遵守すべき事実と正義の基盤に固く基づき、明確な共通の方針を定めることである。もし敵がひとつの国でなければ、敵同盟内の各国ごとにそのような方針を打ち出す必要があることは間違いない。

プロパガンダの方針は、外務、陸軍、海軍当局が持つ方向と一致していなければならない。行政的機構を持たないプロパガンダ機関は、計画を実行するために、外務や軍関係に頼らざるを得ない。もしこういう協力体制がなければ、この部分で混乱や矛盾、能率の悪さに衝突する危険がある。

プロパガンダとは、こういった他の部署の先を行く（これについては他の章で触れている）か、またはその部署を追って動くか、あくまでも一致していなければならない。

ノースクリフ卿が常に、敵側諸国へのプロパガンダの基本的な行動基準として考えてきたのはこうである。

彼が方針を決定するには、まず英国政府がプロパガンダの方針としてこれを承認し、連合諸国の政府もそれに同意していなければならない。それによって、連合諸国のプロパガンダ部門は一致して動くことができる。その実行にあたり、このように迅速な協力体制は、連合諸国のプロパガンダ部門の代表が一堂に会することで確立することができた。

ノースクリフ卿の最初の活動は、連合国間会議をクルーハウスにて招集することだった。その会議には、ビーバーブルック卿（英国、情報大臣）、フランクラン・ブイヨン氏（フランス）、ガレンガ・ステュアルト氏（イタリア）が、つまり英国、フランス、イタリアが、そしてアメリカ合衆国の代表者たちと共に出席した。

ある意味で、この会議が、イタリアにおける連合諸国の緊密な協力体制を作る道筋を固めた。ノースクリフ卿はただちに対敵プロパガンダ連合諸国間組織の設立を求めたが、ある困難な事態が起こったため、この組織の設立はしばしば延期された。

一方、フランスとイタリアのプロパガンダに関係する部門は、可能な限りの密接な関係を保っていた。

しかし、一九一八年夏のクルーハウスでの会議から、ノースクリフ卿とその相談役たちは、いわゆる連合諸国間プロパガンダ協議会が勝利のためには不可欠であることを明確に理解した。そのため、英国戦時内閣の同意を得て、彼はフランス、イタリア、アメリカに向けて、ロンドンにおける公式会議に代表を送るよう招待状を出した。この招待は各国から歓迎され、会議は一九一八年八月一四日にクルーハウスで開催された。

ノースクリフ卿の率いる部門の代表者、連合諸国のプロパガンダ部門の担当者に加えて、英国政府からは外務省、陸軍省、海軍省、空軍省、情報省の代表も参加した。

以下は、代表者全員のリストである。

英国：

対敵プロパガンダ部門より

ノースクリフ子爵（議長）

キャンベル・スチュアート卿、中佐

チャールズ・ニコルソン卿（国会議員）

ウィッカム・スティード氏

海軍省より

レジナルド・ホール卿、少将（海軍情報局部長）

ガイ・ガウント大尉

G．スタンディング司令官

陸軍省より

G．K．カックリル准将（軍情報省次官）

ケリー伯爵、少佐（国会議員）

P．チャルマーズ・ミッチェル大尉

空軍省より

H．デビッドソン大佐

外務省より

C．J．フィリップス氏

情報省より

ロデリック・ジョーンズ卿（情報省代表）

カンリフ・オーウェン氏（対オスマン・トルコ・プロパガンダ監督官）

フランス：

アントニー・クロブコフスキー氏
エミール・アゲナン氏
サバティエ・デスペィラン氏
パノウス子爵、少将
ピエール・ダレンブール公爵、大尉
スタニスラス・ドゥ・モンテベッロ伯爵、中尉
コメール氏
P．マントゥー中尉

イタリア：

ボルゲーゼ教授
G．エマヌエル氏
ヴィチーノ・パラヴィチーノ伯爵、大尉

R．カジュラーティ・クリヴェッロ中尉

アメリカ合衆国：オブザーバーとして出席

ジェームズ・キーリー氏
ウォルター・リップマン大尉
ハーバー・ブランケンホーン大尉
チャールズ・マーツ中尉
ルドロー・グリスコム中尉

開会にあたり、議長としてノースクリフ卿は演説して、敵国における英国のプロパガンダは、より緊密に連合諸国と協力し合わねばならない段階に来たことを指摘し、その目的を成功に導くため、あらゆる手段を使う努力が求められている、と述べた。

敵国におけるプロパガンダは以下のことが前提となる。

a．敵国における、連合諸国のプロパガンダ方針を定義すべきこと
b．この方針を公に発表すること
そして

c. 敵にこの主要な内容を知らしむるための技術的方法を研究すること

ノースクリフ卿は、これらの問題やそのほかの課題は、研究や報告を行う複数の委員会に分担させるべきだと提案した。この委員会が扱うのは次のようなことである。

1. プロパガンダ政策の全体の方向性
2. 配布の方法についての難しい問題
 (a) 軍隊の場合、
 (b) 民間の場合。
3. プロパガンダの内容、資料について
4. 母国ドイツに帰って、同胞たちに事実を話すかもしれない捕虜を教育する仕事。

明確な方針に基づかない限り、プロパガンダは断片的で、表層的なものでしかない。それが明確な方針に基づいていれば、プロパガンダは敵の士気をおとしめて、軍事行動と変わらない重大な効果があり、永続的な平和建設に必要な基本条件を作り上げていく。

彼の部門が主に関わっていた三つの敵国とは、オーストリア・ハンガリー、ブルガリア、ドイツであった。彼は、まずオーストリア・ハンガリーを例に挙げた。敵国の中で、このハプスブルク帝国が最もプロパガンダの効果が明らかに期待できる国だったからである。

オーストリア・ハンガリー帝国へのプロパガンダ

一九一八年の初めの何カ月間、ノースクリフ卿がこの任務に就いたばかりの頃、ドイツは東部戦線でロシアに対する安易な勝利に高揚していたので、プロパガンダの影響を受けにくかった。

そして、ブルガリアの政治姿勢は、その当時のドイツの状態と深く結びついていたため、まだプロパガンダの影響を強く受けなかった。連合諸国のブルガリアへの方針は、対バルカン諸国の政策と深く結びついており、その政策立案は、必然的にオーストリア・ハンガリー帝国への明確な方向性に沿うものであった。このようなオーストリア・ハンガリーに対する考え方は、そこが最初の攻撃目標であること、そして明確なプロパガンダ方針が早急に求められたことを示していた。

そこで、ノースクリフ卿は、オーストリア・ハンガリー帝国に対してとるべき方針の概要を示した。それは、この本の第三章に詳しく書かれている。

一九一八年四月のオーストリアからの攻勢を防ぐのに、プロパガンダ活動は大いに功を奏し、六月の最終攻勢をも阻止できたという証拠は数多いと彼は述べている。このような活動がもっと早く行われたなら、さらに大きな成果があがったと考えられる理由があった。それは、彼が熱心に指揮したプロパガンダ方針と軍事作戦との極めて重要な連携状況であった。

オーストリア・ハンガリー帝国へのプロパガンダの重要な要素のひとつは、実際のところ、全ての敵国に対しても言えることであった。それはアメリカ国民の戦争努力がいかに大きなものかを、敵国に知らしめることである。このようなアメリカの戦争努力について、ノースクリフ卿は個人的にもよく知っていたし、アメリカ人がいかに偉大な努力を払って協力体制を作っていたかをドイツ人は全く理解していないという機密報告を、この日まさに受け取っていた。ノースクリフ卿は、これを重要、重大な要素としていた。

ブルガリアへのプロパガンダ

ブルガリアに関しては、彼は既に基本的な承認を得ていたプロパガンダ方針の概要を、英国政府に提出すべく動いていた。

これは、ブルガリアに影響を与える直接的なプロパガンダ活動を始める前に、ユーゴ・スラヴィア、ルーマニア関連の問題に対する連合諸国のはっきりした意思決定が必要であった。しかし、ユーゴ・スラヴィア、ルーマニアに対する明確な前提となる政策は、オーストリア・ハンガリー帝国に関する連合国軍の明白な方針抜きには進められない。この重要な問題の詳細については、政策委員会にはあらゆる情報が寄せられねばならない。

一般的に言えば、ブルガリア自身の姿勢が完全に変化する前に、ブルガリアと直接的、または間接的な交渉に入ったり、プロパガンダという形であっても、ブルガリアからの働きかけに何らかの反応をすることは得策ではなく危険だと、彼は考えていた。それまでは、ブルガリアが完全に姿勢を変えない限り、彼らを必然的に待ち受ける運命の情報だけを、ブルガリアの軍隊や国民に投げかけるプロパガンダしかできなかった。そして、連合諸国間の合意を準備するという意味で、バルカン諸国の問題を可能な限り民族学的に解決を図る政策を準備するだけであった。このような連合諸国のプロパガンダは、最終的にバルカン諸国連盟を作り上げていくのに役立つことであろう。

ドイツへのプロパガンダ

英国からのプロパガンダをドイツで展開するには、オーストリア・ハンガリー帝国へのプロパガンダ活動に比べると、色々な理由で十分には遂行できず、また効果的でもなかった。

ノースクリフ卿は、彼の率いるクルーハウスが軍当局と協力し、秘密のルートを使うことによって、ある程度の量のプロパガンダ印刷物をドイツ国内に持ち込むことができたと言っている。

フランスにおける英国軍の前線で、プロパガンダ配布用に飛行機を使わないとした英国軍当局の決定は、当然ながら業務の進行を妨げ、遅らせた。プロパガンダ配布用に飛行機を使うという問題は、軍事配布委員会で慎重に検討されねばならないと考えられていた。

その一方で、気球が活用されたが、飛行機に比べれば、配布の方法としては全く劣っていた。プロパガンダは、犠牲者を出すほどの価値はないという考えが広がっているようだった。この考え方は十分な根拠に基づいていた。なぜならばプロパガンダのリーフレットを撒いた罪で告発された英国の飛行兵に対して、ドイツ軍は厳しい処置を取ったからである。ドイツ人は、この点について優れた判断をしていたに違いない。彼らは明らかに、我々の爆弾よりもリーフレットを怖れていた。

しかし、主要な問題はドイツへのプロパガンダ政策の決定だったが、それはたやすいことではなかった。オーストリア・ハンガリー帝国について述べたように、連合国のプロパガンダ政策と切り離した重要な課題は、アメリカの戦争努力の大きさや、その効果の増大を絶え間なくドイツ側に知らしめることであった。この点について、ノースクリフ卿は、この部分をますます大きくするよう努めた。この方針について、彼は英国政府に対し、以下のような概要を提出し、ドイツ人に認識させるべきだと、報告した。

1. ドイツが連合諸国の和平条件を受け入れるまでは、連合諸国は戦争を継続する決意があること。
2. 現在の自由諸国戦時連盟は、さらに深まり広まるだろう。そして、その国々の陸軍、海軍、財政、経済の資源は、軍事的目的が達成されるまで、永続的な平和が来るまで、共同管理されるだろう。

彼は、ドイツ人の考え方は体系化された言葉に特に影響されやすい、とも述べた。「ベルリン－バグダッド」や「中央－ヨーロッパ」として表現されたドイツの計画に対抗して、連合諸国は包括的な世界組織の計画を用意すべきだと言った。その計画の準備段階として、彼は実質的な自由諸国連盟を研究して、これを設立すべきだと主張した。

この設立計画がまとまるまでの間、ならびに連合国の和平合意条件が完全に受諾されるまで、連合国のプロパガンダは、連合国側が原材料やその輸送を管理し、また敵国人を無期限に追放する権限を持つと主張すべきである。敵国人が永続的な平和を得られないのは、彼らを支配するホーエンツォレルン王家が原因であり、軍事的および経済的な階級制度だけだと主張すべきである。

連合国の第一の戦争目的はドイツを変革することである。それは自らの利益のためのみならず、ドイツ国民のためでもある。なぜなら変革後のドイツの誠意がなければ大規模な軍縮は不可能であろうし、軍縮なしには社会や経済の再建はできないであろう。彼はドイツに関する連合軍の対ドイツ・プロパガンダ方針の問題が、政策委員会で真剣に討議されることを信じていた。

連合諸国間のプロパガンダ活動の調整

そこには連合軍のプロパガンダの活動の調整という極めて重要な問題が残っていた。もしそれぞれの国が、他の連合国の活動とは関係なく、プロパガンダを行えば、活動が分散し重複して、たとえ目的は同じであっても、表現上の矛盾が生じるのは明白だと彼は言った。

軍事的効果を最大限に発揮するため、連合軍の政府は一九一八年六月にベルサイユ評議会を設立し、そして連合軍の最高指揮官を任命することに同意していた。

それまでに設立された唯一の連合国間プロパガンダ機関はパドヴァ連合国間プロパガンダ委員会だけであった。この委員会の活動で、協力体制の利点は非常に明らかとなったが、また同じように特有の欠陥をもはっきりしてきた。

それは連合軍のさらなる完全な調整によってのみ克服されるものだ。それゆえ彼は、その目的は明白であるが、細部ではいろいろと異なる敵国へのプロパガンダを管理する中央機関の設立を提案した。このような段階を経るならば、好機を失することなく、費用や労力の非常な節約ともなり、連合国のプロパガンダ方針の統一に向けての進歩と効果的な実行に進展が見られるだろう、と思われる。

結論として、彼は戦争に勝つのみならず、平和を勝ち取る手段として、敵国へのプロパガンダの本当の重要性を強調し、そこに改めて立ち戻るよう理解を求めた。これは、連合国内で最も優れた人々の最高の知性が求められる仕事であり、責任ある連合国の政治家たちによる継続的な支援が必要だった。

クロブコフスキー氏はフランス代表団の団長だったが、フランス語による雄弁な演説で、ノースクリフ卿に同意した。それをモントゥー中尉が通訳した。そして連合諸国間プロパガンダ協議会に、代表の派遣を求めた英国政府の招待状に、フランス政府は快く応じる、と答えた。

秩序ある協力体制や、協調した方向性をもとに、連合諸国の取り組みによる強力な活動方法として、このような会議の招集は必要だ、と彼らは考えた。プロパガンダによって一体何ができるのか、またどこに向かっていくのかを、正確に知ることが、この会議の主要な目的であり、それはまた彼らのプロパガンダを鼓舞するものでもあった。

敵国が組織だった虚偽のキャンペーンを行っても、連合諸国は基本路線から外れるようなことは一瞬たりともなかった。誠実であることは、連合諸国にとって決して悪い方針ではなかったのである。

第二番目として、フランスのプロパガンダは、戦争責任に焦点を当てていた。敵の戦争は侵略戦争であり、占領計画の実行で他国民を隷属させる戦いであった。連合諸国にとって、この戦争は純然たる防

なぜ政府は和平を求めているのか

その理由は明らかである。

政府は、欧州の中央に汎ゲルマン主義の夢を実現しようという野望を持って、戦争を開始した。

これこそが、真の戦争の原因である。

もしこの事実について、若干の疑問が残っているとしても、それははっきりと証明されている。汎ゲルマン主義という夢の実現が不可能となったため、政府は和平を求めているのだ。

これが我々を戦争に駆り立てている汎ゲルマン主義の計画である。

黒く塗られた領土がドイツになるはずだった。

ブルガリアとトルコは属国となっただろう。

ドイツ皇帝、プロシアのユンカー貴族階級、官僚たち、金持ちたちが、他の多くの人々を搾取するのだ。そして彼らは世界で最も権力を持った階級になるはずだった。

しかし汎ゲルマン主義の計画はこうなってしまったのだ

ブルガリアは属国になることを拒否している。

トルコは不安を抱いている。

汎ゲルマン主義者たちが何百万人もの生命を犠牲にし、世界的な惨禍を引き起こした戦争へとドイツを追い込んでいった計画は、完全に挫折したのである。

我々が戦うべき理由は残っているのか？

政府には、さらなる戦闘を続ける理由などない。それゆえ我々の敵に和平を求め続けている。したがって、これが防衛的な戦争だとするすべての話は、全くのところ、不誠実であり不正直なものであることを証明している。

我々を欺こうとしているのである。

Warum die Regierung um Frieden bittet.

Der Grund ist klar.

Die Regierung unternahm den Krieg in der Hoffnung den alldeutschen Traum von Mitteleuropa zu verwirklichen.

Dies war die wirkliche Ursache des Krieges.

Wenn hierüber noch ein Zweifel bestände, so würde die Tatsache, daß den Augenblick, wo die Verwirklichung dieses Traumes unmöglich wird die Regierung um Frieden bittet, den klaren Beweis bringen.

Hier lag der Plan der Alldeutschen, der uns zu dem Kriege geführt hat.

Das ganze schwarz angestrichene Gelände sollte deutsch sein.

Bulgarien und die Türkei sollten Vasallenstaaten sein.

Der Kaiser und die preußische Junkeraristokratie, die Bureaukraten und die Reichen, die das übrige Volk ausbeuten, sollten die mächtigste Klasse der Welt werden.

Dies ist was aus dem alldeutschen Plan geworden ist.

Bulgarien weigert sich Vasallenstaat zu sein.

(Die Türkei wird unruhig.)

Der Plan, zu dessen Verwirklichung die Alldeutschen Deutschland überredeten Krieg zu führen, und der so viele Millionen Leben gekostet hat und solches Weltelend verursacht hat, ist gänzlich vernichtet worden.

Was bleibt noch übrig, worum wir kämpfen sollten?

Der Regierung bleibt also nichts worum sie den Kampf weiter fortsetzen sollte, und bittet daher, unsere Feinde um Frieden.

Das Gerede über einen Verteidigungskrieg erweist sich also als vollkommen unwahrhaftig und unehrlich gemünzt uns zu täuschen.

衛戦争であり、それも領土のみの問題ではなく、ベルギー、アルザス・ロレーヌ、ポーランド、ウクライナ、セルビア、ルーマニアやすべてのバルカン諸国において、侵害された正義を守ることでもあった。

クロブコフスキー氏は言葉を続けて「我々は、今まで自らの自由な考えを否定され、また自分が自分であることも許されなかったドイツ国民の良心に手を差し伸べようと努力している」と述べた。

彼らを常に支配してきた、並外れたドイツ的な規律教育で閉ざされてきたドイツ国民の目と耳を開かせるように、我々は努力していること。そして、これまでドイツ人は、習慣や態度の上でも独裁的だと考えてきた事実を議論することによって、またリヒノフスキー公爵やムーロン博士のように、ドイツ人が知っていることを敢えて書き表したものを（ドイツ人を代表する人々によって書かれた故に正しいことは明白である）受け入れることも、その一助となった。

クロブコフスキー氏は続けて発言した。抑圧された諸民族に自由を与えることは、オーストリア・ハンガリー帝国への我々の行動の明確な終着点である。その結果をすぐに見ることはできないだろうが、連合国のプロパガンダは、ドイツでは絶対的に必要なものである。もしオーストリアが自国民に対して有罪なら、ドイツは全人類に対して有罪であろう、と。

開戦以来、フランス政府は常に、ドイツへのプロパガンダが効果的となるように務めてきた。ドイツ帝国政府が世界に向けて発信していた信じがたい事実の歪曲に直面して、一九一四年一二月に刊行されたフランス政府の報告書第一号は、戦争責任についての詳細なリストを挙げ、その発端にまで立ち戻ることによって、ドイツが準備を重ね、最終的に戦争を始めたということを示したのである。

戦争の原因に常に立ち戻ること

連合諸国のプロパガンダ担当者の重要な責務のひとつは、そのような努力が決して無駄にならないことを望みつつ、この戦争の原因や発端に何度でも立ち帰らねばならない、ということである。リヒノフスキー公爵の回想録の出版は、この視点に注目を非常に集めたが、それだけでは不十分だった。というのは、ドイツ国民の大多数は、ドイツ帝国政府が発表した世界紛争の原因をまだ信じていたからである。

連合諸国の防衛戦争を、単なる領土戦争のレベルにまでおとしめるようなことを、ドイツ人たちに許してはならなかった。連合諸国は、故意に企てられた攻撃の被害者だと、主張し続けねばならなかった。

また一方で、連合諸国が巻き込まれている戦いの特徴をさらに強硬に主張することは、道理にかなうことであった。連合諸国は守勢に立っており、自らを防衛している。正義と人道を守っている。それが戦争の目的で、他の戦争目的は単にそこからの結果だった。

ドイツ国民には、歴史的に現実主義の考え方が深く染み付いている。権利を尊重する上に成り立つ政策に、ドイツ政府は反感を抱いている。にもかかわらず、いつの日か、連合諸国の理念が彼らの反抗を打ち負かす日が来るだろう。

それが何時かといえば、まず一つには、戦争原因が共謀犯罪的であったことが日毎に明らかになる時。もう一つは征服計画の段階的な失敗が、ドイツ人による犯人探しへと向かう時だ。彼らの開戦理由が不当なものだったかもしれないという懸念が、ドイツの国全体に染み込んでいく。

連合諸国を離反させようとするドイツの努力がいかに無駄だったかを明確に示すことも重要だった。敵国の新聞は飽きもせず、読者に連合諸国間が分裂する空想的な光景を書き続けた。英国軍がフランスを征服するという彼らの嘘に続いて、アメリカ人がフランスを占領するつもりだと、彼らは言い出すようになった。

軍事的に厳しい時期にあったドイツ政府が行ったあらゆる平和的攻勢は、彼らの世間知らずな自信の証拠である。それは、わが連合国側を分裂させるために、ドイツの中で最も情報に通じた訳知りの者たちがやろうとしていたことだ。連合国の戦線は堅固に結びつくことを示し、またこの同盟関係が戦争を越えた、軍事から経済の分野にまで拡大していると示すことが、連合国側からの十分な回答だった。

連合諸国はあくまでも戦う

何よりも、連合国側が勝利する、そして勝利する手段を持っていると言わねばならない。議論に引き込まれてはならない。連合国側のプロパガンダの論法、語り口、論理展開といった定石を、まるまるねじ曲げて利用されてしまう危険は常に存在した。

ドイツ人の心性は非常に複雑で、また欺瞞に満ち、他人が定めた原則を、たぐいまれなる技術で自らの論理として展開する能力を持っていた。ドイツは、連合国側の主義主張を掲げる一方、こういう主義主張を全く正反対の意味にしてしまう可能性を持たせながら、人々を騙そうと企てるかもしれない。
もっとも重要なのは、ドイツが確実に仕掛けてくるはずの企みから、連合国の世論が影響を受けないようにすることだ。連合国のプロパガンダの共通基盤は、まず民族の解放、次に連合国の依って立つところは正義であること、そしてドイツ、オーストリア・ハンガリーによる権利の侵害を白日のもとに曝すことだった。

連合国のプロパガンダは、連合諸国が個人に与えている憲法上の諸権利のように、あらゆる人々が自由に生きることを保証する政策の原則と完全に一致していなければならない。したがって、連合国の勝利は、道徳的向上をもたらすだろう。

しかし自由と正義の勝利を得るまでは、フランスのクレマンソー氏の力強い言葉を借りるとすれば「我々は戦うぞ!」なのであった。

イタリア代表のボルゲーゼ氏は、ノースクリフ卿の考えと提案に、全て大筋で同意すると言った。
イタリア人たちは当時、対敵プロパガンダの分野では特に活動的だった。例を挙げると、イタリア人はローマに事務所があり、そこでの主な仕事は、ドイツ国内から寄せられるニュースを、また世界でのドイツの立場とかドイツ国内の抗戦力が弱っていることとかを、情報として広めることだった。イタリアはスイスにも大きな組織を持っていて、その主な仕事は敵国内で何が起きているかを日々確認し、ドイツの国内事情に関する情報をできるかぎり収集、運用、活用することであった。

連合国として連携した最初の対敵プロパガンダ行動は、一九一八年四月にローマで行われたハプスブルク支配下で迫害されている諸民族会議であった。それは、最も見識に満ち溢れ、教養ある世論を結集

ハンガリー・マジャールの兵士たちよ！

諸君は何のために戦っているのか？

オーストリア皇帝とハンガリー国王のために、だろうか！

それともドイツ皇帝のためだろうか？

諸君はドイツ皇帝のために戦っているだけである。オーストリア皇帝は、ドイツ皇帝に軍隊と国庫の歳入を譲り渡してしまった。正式な条約によってこれから25年間、諸君はそこから遠ざけられてしまう。

新聞は「ドイツ－オーストリア軍事条約」を発表した。これが調印された1918年５月12日に、諸君の主人は前の主人・オーストリアから新しい主人・ドイツへと替わったのである。

しかし、諸君はマジャール人である。祖先は自由のためにおびただしい血を流した。その事実を諸君は忘れている。

しかし注意して見よ！　ドイツ人によれば、諸君は怠惰で鈍いとのことだ。

『フランクフルター・ツァイトゥング』紙は５月13日に「新しい条約は、独立国としてのオーストリアの消滅と、ドイツによるハプスブルク君主制の差し押さえを最終的に調印したものである」と報じている。

５月19日の『ドイッチェ・ツァイトゥング』紙は、次のように述べている。「欧州中央同盟が主として必要なのは強さで、それは戦争が勃発した時よりも強くなることはない。オーストリア・ハンガリーは十分な準備ができていなかった。ドイツ－オーストリア軍事条約によると、オーストリア・ハンガリーは住民を、まさにドイツと同じようにしっかりと武装させねばならない。軍事的な目的のために特別な資金を手当てしようとしても、ハンガリーとオーストリアの財務大臣はもう財源はないと言っているので、その後で予算総額を通すには長い時間を無駄にすることになる。また大砲が必要でも、ハンガリー議会は必要な兵士の募集呼びかけを拒否していて、大砲を操作する兵士もいないのである」

これで十分に明らかだろうか？　ドイツ人は全世界を支配しようとする狂った気まぐれのために戦っている。何年にもわたって、ドイツの栄光のためにハンガリー人の血が流されているのだ。

当然ながら『ノイエ・フライヤ・プレス』紙によれば、この新しい条約は「オーストリアにおけるドイツの支持者たち」の勝利であり、その布告なのである。

Magyar Katonák !

Kiért harcoltok ti !
Ausztria czászárjáért és Magyarország királyjáért !
Vagy pedig a németek császárjáért ?

Ti csakis a németek császárjáért harcoltok Ausztria császárja átengedte neki a hadsereget es államainak a kincstárait huszonöt évre egy rendes szerződéssel melynek tartalmát előttetek eltitkolják.

A ti ujságaitok is hirdették a « Waffenbund » ot, melyet 1918 május 12 – en kötöttek a ti új gazdátok es a ti régi gazdátok között.

De ti magyarok akiknek ősei annyi vért áldoztak mert szabadok akartak lenni, ti nem tudjátok az igazságot.

Ime lássátok milyen maguk a németek szerint.

A « Frankfurter Zeitung » május 13-án igy szól : **Kell hogy az uj szerződés véglegesen megpecsételje Ausztriának mint független államnak az eltűnését és Németország részéről a Habsburg monárkiának a birtokbavételét.**

Es a Deutsche Zeitung május 19-én megjegyzi « Középeuropa szövetségének főkeppen erőre van szüksége és pedig sokkal többre mint a mennyije a háború kitörésekor volt. Ausztria-Magyarország nem volt eléggé elkészülve A Weffenbund szerint **Ausztria-Magyarországnak épp oly mértékben kell fegyverkeznie lakosainak arányában mint Németországnak.** Nem szabad többé hogy előforduljon hogy ha a delegációk megszavaznak rendkivüli hitoleket katonai célokra, hogy aztán hosszú idők múljanak el mielott az összeget folyósiták mert vagy az osztrák vagy a magyar pénzugyminiszter kijelenti hogy nincs penze ; vagy pedig hogy a delegaciok megszavazzák az ágyúkat, de a **magyar parlament** megtagadja a rekluták szükséges számarányat úgy hogy aztán meg vannak az új ágyúk de hiányzanak a kezelésükre szükséges katonák »

Elég világos ?! Küzdeni a németek őrült hóbortjáért mellyel uralkodni akarnak az egész világon Harcolni még évekig, magyar vért önteni a németek tiszieletére még évekig és évekig.

Természetesen a « Neue Freie Presse » ujjong és hirdeti (május 14-én) hogy az új szövetség « különösen Ausztria németjeinek a györzelme ».

イタリアのチェコ・スロヴァキア軍に向けたマサリック教授の声明

T.G. マサリック教授は、イタリア公使館を通じて、ワシントンから次のような声明を、イタリアのチェコ・スロヴァキア自治政府軍に送った。

わが兄弟よ！　母国での抵抗を打ち破ろうとしているオーストリア・ハンガリーは、チェコ・スロヴァキア自治政府軍を政治的にも軍事的にも何の意味もない暴徒の群れだと決めつけている。我々の軍隊はロシア人や他国の人間から成っていて、チェコスロヴァキア軍なるものは存在しない、という全くの嘘さえも並べている。我々の国はこの詐術を信じないし、その軍隊に強い誇りを抱いている。オーストリア・ハンガリー軍は、諸君を殲滅して、我々の国に決定的な打撃を加えようと努めてきた。彼らは我々の抵抗と自由の旗印を、我々人民が抱き続けてきた信頼と大願の象徴を、奪い取ろうと望んできた。

我が兄弟たちよ！　諸君の意志が、彼方まで届く諸君の銃弾が、敵の計画を挫いたのだ。我々の旗は、諸君の守るところに翩翻とひるがえっている。我々の国は諸君の英雄的な行動を認め、心はすべて諸君への深い感謝で奮い立つのである。人々は諸君を称賛し、そして斃れた兄弟たちの思い出を誇りに感じるのである。

諸君の最高司令官として、私は最大の真心を込めた感謝を送る。我が国の、イタリアの、連合軍と全人類の勝利に、諸君が貢献する勇気に感謝するのである。

敬愛を込めて　　T.G. マサリック

我らが敬愛し、我らを勝利の目標へと導く指導者に認められたことを、どれほど誇りに思うかを伝えずにはいられません。

我々はあなたと同様に、全ての国と協調して、オーストリアを打ち破り、我が国を救い、神聖不可侵の権利の実現を確信しています。

オーストリア軍が、ずる賢い王家を、すなわち国家に何の義務も負わない者たちを守ろうとして、貴殿を追い払おうとする時、何世紀もの圧政に対する相応の報復と、あなたがたのより明るい未来を得る機会を見つけることでしょう。

イタリアで戦うチェコ・スロヴァキア軍の義勇兵たちより

1918年10月２日

Poselství prof. Masaryka českosloven-skému vojsku v Italii.

Prof. T. G. Masaryk poslal z Washingtonu prostřednictvím král. italského velvyslanectví československému autonomnímu vojsku v Italii tento vzkaz:

„Bratři! Rakousko-Uhersko, chtějíc zlomiti ve vlasti oposici československou, tvrdilo, že naše vojsko je sebranka, jež nemá ani politického ani vojenského významu. Vypuštilo dokonce lež, že naše vojsko se skládá z Rusů a jiných národností a že nestává vojska československého. Náš národ neuvěřil tomuto klamu a zůstal nesmiřitelným a hrdým na své vojsko. Tehdy Rakousko-Uhersko pokusilo se zasaditi rozhodnou ránu našemu národu tím, že by zničíc vás zničilo vojsko jeko. Chtělo zmocniti se naší vlajky odboje a samostatnosti, symbolu víry a aspirací našeho národa.

„Bratři! Vaše vůle, váš dalekozírný hled překazily plány nepřítele. Náš prapor vlaje ještě hrdě na posici svěřené vaší ochraně. Náš národ pozná vaše hrdinské činy a všechna srdce se pohnou hlubokou vděčností k vám. Chloubou nad vámi a hrdou vzpomínkou padlých bratrů.

„Jako váš vrchní velitel posílám vám svůj nejsrdečnější dík za udatnost, kterouž jste znova přispěli k vítězství našeho národa, Italie, Spojenců a celého lidstva.

Nazdar!“

T. G. Masaryk.

Nutkalo nás pochlubiti se vám uznáním našeho milovaného vůdce, jenž nás i národ náš dovede k vítěznému cíli.

Jsme přesvědčeni, že i vy, ve shodě s celým národem, vidíte spásu Vlasti a uskutečnění našich svatých práv jen v rozbití Rakouska.

Až poženou vás, abyste nastavili prsa za proradnou dynastii, k níž národ nemá závazků, najdete jistě příležitost odpovědět vhodně na staleté útisky a zachránit se pro lepší budoucnost!

Nazdar!

Vojáci-dobrovolci československé armády v Italii.

V Italii 2. října 1918. **420.**

することでイタリアと英国の一般世論において、広く称賛を集めた。そしてこのローマ会議の結果、大規模な影響がオーストリア・ハンガリー帝国のみならず、敵国のあらゆるところへと及んだ。そして、主な仕事はローマ会議から始めたことをそのまま継続することだった。

領土問題で長年オーストリアと敵対していたイタリアの特別な立場が、その行動に火をつける動機となった。ノースクリフ卿の声明は、対敵プロパガンダ問題での影響力が計り知れないものであり、フランスのクロブコフスキー氏の声明は完全に反オーストリア的なものであった。

イタリア人は、オーストリア帝国の長年の敵だったが、単にそれだけではなく、オーストリア帝国と戦うことこそが、ドイツとドイツ主義と戦う最も確実で直接的な方法だと思っていたからである。戦争初期から自分たちの本当にいるべき場所をよく理解していたイタリア人は、そういった意味で、常に反オーストリア的であった。

そして、オーストリアと戦うことはドイツ軍国主義を攻撃し、全滅させる最良の手段だとした。ドイツの軍国主義は全くの難攻不落ではないにしろ、ドイツの弱点は、オーストリアの弱点よりも分かりにくかった。

オーストリアはドイツにとってのアキレス腱だった。オーストリアに対する攻撃を可能にしたのは、次の重要な二つの条件である。一つは、オーストリアは崩壊すべきだと世界中が認識していたこと、もう一つは、連合諸国のみならず、敵同盟諸国の間でさえ、この戦争にオーストリアは責任があると、広く認められていたことだった。リヒノフスキー公爵とムーロン博士は、主な直接的戦争責任はオーストリアにあると認めていた。

この戦争責任の問題こそ、明らかにプロパガンダで扱わねばならない主要な問題の一つだった。そして、それがこの政策委員会で審議されることになる。なぜなら、ボルゲーゼ氏は、それによってオーストリアに戦争責任があるという罪の告白が広く知られ、ドイツとオーストリア国内の世論を早く動かすことができるかもしれない、と信じていたからである。

プロパガンダはあくまでも真実であること

今まで数カ月間の、イタリアのプロパガンダ活動について、ボルゲーゼ氏はローマやスイス・ベルンの事務所で述べ、委員会でさらに細かく説明した。パドヴァ連合国間委員会の仕事は非常な成功を収めたことを認められた。それはボルゲーゼ氏の個人的な意見のみならず、敵のドイツ側もそう判断していた。ピアーヴェ川の敗北は、部分的にはパドヴァ連合国間委員会によるもので、ユーゴ・スラヴィア人とチェコスロヴァキア人がもたらした情報によって、ドイツが敗れたことをドイツ側も広く認めている。

連合国政府のプロパガンダは、真実のプロパガンダでなければならない。実際の軍事作戦では敵の動きに呼応するのは当然である。しかし思想戦においてはドイツ側の方法を模倣したり、それに呼応しないようにするのは、判断が非常に難しい。軍事的な技術は味方の不利にならない限り、敵の軍事技術に呼応して変化する。しかし、思想戦では敵国ドイツの方法論をまともに取り入れると危険である。

ドイツのプロパガンダのように虚偽や偽善の発表を真似るべきだと考える人も一部、連合国の中には存在したが、ボルゲーゼ氏は、プロパガンダ戦争における連合国側の強みは、真実であると信じていた。なぜなら連合国政府は、自分たちが正しいという信念を持っていたからこそ、真実を語ることができた。連合国にとっては信念のシステムを作ることは容易だった。なぜなら、それを我々は一つの信仰のように信じていたからである。

ドイツとオーストリア・ハンガリーは、この会議だけでなく、各国政府からの声明を注意深く聞くことであろう。この一連の作戦行動が終わる頃には、政治的活動とプロパガンダは極めて重要なものとなるだろう。そして、イタリアはこの戦争での勝利と、また勝利に達するまでの時間を短くして貢献できればよい、とボルゲーゼ氏は望んでいた。

アメリカ合衆国からの支援

連合国の勝利を確かなものとし、また連合諸国の戦いが道徳的に純粋なものであることを証明したのは、アメリカ合衆国の動きであった。敵でさえも、アメリカの参戦理由を利己的な動機や利益によるとは非難できなかった。同じようなことはヨーロッパの連合諸国については言えないし、それぞれ少なからぬ直接的利害の思惑があるが、どう考えてもアメリカについては高尚な理想主義以外には、この戦争に介入する理由がなかった。

それゆえボルゲーゼ氏は以下の点でノースクリフ卿とクロブコフスキー氏に全面的に賛同したのである。それは、アメリカの物質的、精神的な戦争努力の重要性を、敵国民にもっと広く早く知らしめれば、敵側の士気はさらに急激に低下し、連合諸国の大きな共通目標である正義による平和を、そして軍事的ならびにプロパガンダの活動でも、その両方をより確実に手にできる、ということだった。ジェームズ・キーリー氏はアメリカ合衆国の代表だったが、アメリカ合衆国政府の公共情報委員会を通して、その任務を受けた。参謀本部の軍情報部からは四人のアメリカ軍将校がオブザーバーとして、この一九一八年八月の会議に参加していた。彼らは全員、会議から学ぶだけではなく、連合国のすべての面で役に立てるよう真摯に参加していた。

彼らは経験者たちから学びながら、この共通の目的のために、自らの持つ力のすべてを捧げていた。プロパガンダの経験者たちから学んだものをアメリカ政府に報告し、この報告をもとにして、アメリカができるだけ速やかにこのような機関を設立することが期待された。この機関は、連合諸国の機関と相対するもので、率直かつ効果的に完璧な協力体制を作り上げるものだった。

多分、物資的な機材や設備の他に、アメリカの貢献のひとつとして、格別に重要なものがあったのは確かである。アメリカには、中央ヨーロッパ出身の人々が数多くいた。これらの人々はアメリカ国内できちんと組織されていた。誰もが知っている（ドイツ寄りの）一部の例外的な人々以外は、連合諸国の目的に賛同していた。

それらの人々は、当然、中央ヨーロッパの人々と密接な関係を保っていて、彼らが国境を越えてメッセージを運び、いろいろな意味で大いに役に立つだろうことは明白だった。その意味で、彼らはこの会議からの助言を大いに喜んだのである。

四つの委員会の発足

これらの演説の後、ノースクリフ卿の提案で四つの委員会が発足した。それは、政策委員会、配布委員会、資料委員会、戦争捕虜委員会の四つだった。それぞれの委員会に適切なメンバーが振り分けられ、最も重要な仕事をてきぱきと成し遂げて、三日目の全体会議で報告を行った。

政策委員会はクロブコフスキー氏が委員長を務め、全ての活動分野・領域について、プロパガンダの方向性を課題として徹底的に議論した。そして、その議論は、それぞれの連合国政府が受諾、修正、却下できるような一連の決議と推薦の形式を取った。この決議はあくまでも参考であり、各国政府を拘束するものでないことはきちんと理解されていた。

オーストリア・ハンガリー帝国へのプロパガンダについては、英国政府がすでに承認し、さらに一八一八年四月のローマ会議で、英国、イタリア、フランス政府が認めた目的に、政策委員会は賛成した。このような政策の展開は、連合国の主義主張から生まれたものだが、部分的にはプロパガンダで現状の要求にも応えていなければならない。

プロパガンダの状況自体は、軍事状況から生じたものだが、特にオーストリア・ハンガリー帝国のイタリアに対する侵攻を妨害するために、すでに連合国が確立している主義から生まれたものだ。その結果、連合国諸政府とアメリカ政府の行動と声明は、連合諸国の共通政策が、オーストリア・ハンガリー帝国内の諸民族が建設的な解放に向かって進んでいることを明確に示した。

それゆえ、オーストリア・ハンガリーでのプロパガンダに関する政策委員会の主たる業務は、プロパガンダのためにさまざまな声明や活動を統一し、そして可能ならば、オーストリア・ハンガリー国内や前線の兵士たちの間で、連合軍のプロパガンダがより効果的となるような、連合諸国の共同宣言を作成することだった。

政策委員会からの報告

このような連合諸国の共同宣言の効果や可能性について、徹底した解明に向けた議論が行われた。チェコスロヴァキア人、ポーランド人、ルーマニア人に対して連合諸国政府、アメリカ政府がとっている立場から考えると、直面する主要な問題は、ユーゴ・スラヴィアの統一と独立、そしてそれに対するイタリア政府の姿勢であるように思えた。そして政策委員会は次のような勧告を採択したのである。

オーストリア・ハンガリー支配下の諸民族を解放する連合諸国政府のプロパガンダを最も円滑に進めるため、政策委員会は以下の内容を強く希望する。今まで、イタリアの報道機関や有力な政治家たちが一般向け演説で避けてきたように、将来のユーゴ・スラヴィア、イタリア間の複雑な国境問題に関する議論は、ユーゴ・スラヴィアの報道機関や政治家たちも避けるように強く希望する。それは、ユーゴ・スラヴィア国外でも、オーストリア・ハンガリー帝国内でも、同様である。

この勧告に向けて議論するうちに明確化してきたのは、イタリア的なトレント、トリエステなどの地方が、イタリアに統一されるべきだというイタリアの主張が全面的に正しいのみならず、国籍や民族的な正当性を尊重する連合諸国の基本的条件とも合致することだった。

政策委員会は一九一八年三月のイタリア・ユーゴ・スラヴィア合意で決定した政策を支持し、これがユーゴ・スラヴィアと、オーストリア・ハンガリー帝国支配下の諸民族とイタリアとの間の有益な協力体制の基盤であり、政策委員会はイタリアのこの権利を絶対的で議論の余地がないと認めている。

プロパガンダにおいても、そしてイタリア系地域の政治的、倫理上の保護を確保した将来の独立という観点から見ても、自由で統一されたユーゴ・スラヴィア国家建設の一番の重要な部分は、必然的にイタリアにかかっていると政策委員会は考えていた。そのため、慎重に考慮した結果、政策委員会は満場一致で、以下の決議を採択し、推奨した。

その内容は、

一九一八年四月のイタリア首相による演説と、セルビア首相、ニコラ・パシッチ氏への電報によれば、オーストリア・ハンガリー支配下で迫害されている諸民族に関するローマ会議の決議へのイタリア政府の支持。これはすなわちユーゴ・スラヴィアとイタリアの委員会が合意したものである。

チェコスロヴァキア国民会議を交えての、フランスとイタリアの代表者会議で、オーストリア・ハンガリーに対する連合国の政策の具体例として、英国が、チェコスロヴァキアを連合国側として認めた宣言、一九一八年六月三日のベルサイユ会議で、ポーランドの統一と独立を認めた連合国の宣言、六月二八日にあらゆるスラブ系民族がドイツとオーストリアの支配から完全に解放されるべきであるとしたアメリカ国務長官、ロバート・ランシング氏の演説。

イタリア戦線での戦局の推移を考えると、ハプスブルク帝国に迫害されている諸民族を解放するという連合国の政策は、まずはイタリアによって行われるべきで、イタリア戦線が、連合国の対オーストリア・ハンガリーへのプロパガンダの最前線を担うべきであること。

ヨーロッパにおける正義と恒久平和と権利の条件として、セルビア人、クロアチア人、スロベニア人を含む自由で統一したユーゴ・スラヴィア国家の建設を連合国すべてが尊重していることをイタリア政府の主導で進めるようにとの、諸国間プロパガンダ国際委員会の推奨。

である。

ブルガリアへのプロパガンダ

対ブルガリアへのプロパガンダを考えるにあたり、政策委員会は連合国からのオーストリア・ハンガリー帝国へのプロパガンダと、バルカン諸国へのプロパガンダの方針には極めて密接な関係があると認めた。ユーゴ・スラヴィアとルーマニアの統一と独立に関する連合国政府の確固たる政策を抜きにして、ブルガリアへのプロパガンダを効果的にする方針を構成することは不可能だった。

ブルガリアでプロパガンダを行う利点について、ノースクリフ卿が冒頭で行った演説に、委員会は全会一致で賛成していた。つまりそれは、ブルガリアとのいかなる話し合いや交渉でも、連合諸国の敵であったブルガリアが事実上完全に方向転換することが前提条件だ、ということである。

そしてこの方向転換が実現されるまでは、行動と誠実な反省によってブルガリア人が連合国政府を納得させ、彼らが直面するはずの危険と困難が理解できるように、連合国はブルガリアへのプロパガンダを行うべきである。この方向転換が見えるまでは、主要な連合国が同盟関係にあるギリシアやセルビアにもプロパガンダの方針を知らしめる必要があると、政策委員会は考えていた。

ポーランドに対して

ポーランドについては、政策委員会の委員長であるクロブコフスキー氏は簡潔だが示唆に富む演説を行って、ポーランドへのプロパガンダ政策は、アメリカのウィルソン大統領とフランスのポアンカレ大統領が作成したもので、連合諸国の首脳たちが六月三日に公開した内容と同じであると宣言した。

その内容は、「統一され独立したポーランド国家の樹立は、海に至る自由な交通を確保することによって、ヨーロッパの確固とした正当な平和と権利の一つの条件を構成する」というものだった。さらに委員長は、プロイセンの邪悪な力の台頭と、今の世界におけるプロイセンの立場は、根本的にはポーランドを消滅させた第三次ポーランド分割（訳注：一七九五年）に起因する、と述べた。

従ってかつてポーランドであった各地域を統一し、歴史的な不正義の単なる賠償ではなく、プロイセン的社会体制が再び力を持たないような強固な保証にすべきであると主張した。ポーランドの国力が強ければ強いほど、ヨーロッパと世界の安全保障において、攻撃的なプロイセンの軍国主義が再び台頭しない保障になると彼は言った。

その後の討議で、次のような考え方が一般の賛同を集めた。それは新たに統一されるポーランドは民族的にまとまったものとして、ポーランドの隣国の民族的要素を入れないほうが、国際協調の中で可能な限り生き残る利点となるのではないか、ということだった。もし隣国の民族的要素を持つ人々の意思に反して、彼らをポーランド国内に組み込むならば、問題が発生し、それが弱点になるかもしれない、と指摘された。

ポーランド国民委員会が、連合国による対敵プロパガンダの補佐役、代理人として少なからぬ価値を持つためには、チェコやユーゴ・スラヴィア委員会と同様にさまざまな階級や党派、またポーランドの世論から全員一致を得ることが望ましいと思われた。政策委員会は会議での賛同を得るために、次のような決議と勧告を採択した。そしてポーランド国民委員会にこの勧告を提案した。

統一され独立し、また海に臨むポーランド国家の樹立は、ヨーロッパの平和の永続には必要不可欠であり、今後のポーランド国が、できる限りの民族的区分に従うことで、平和を守る役目をより強力に果たし、ポーランド人のように自由な暮らしを求めている隣国の人々との関係もより友好的になるものと、当協議会は確信するものである。

連合国のプロパガンダがポーランド人全体の希望を真に表明し、その繁栄を当協議会は望んでいる。ポーランド国議会が敵国での連合諸国の対敵プロパガンダ活動にさらなる支援をする代議権の拡大を図るように、当協議会は希望するものである。

アルザス、ロレーヌ問題について

アルザス・ロレーヌ問題については、政策委員会は委員長、クロブコフスキー氏の演説に全面的に賛同する。

この両地方のフランスへの復帰は、国際正義上なされねばならぬ要求であり、連合諸国がフランスの国民感情に譲歩した結果ではない。一八七一年の普仏戦争の結果として、ドイツが行った紛れもない悪業を元に戻すべきであるということは、これ以上の説明を要しない。

ドイツから、この両地方を再びフランスに戻したいというフランスの要求は、歴史的正当性を持っている。アルザス・ロレーヌ地方の人々は、一七九〇年以前からフランスへの帰属を選んでいた。また、一八七一年ボルドーで開かれたフランス国民議会でも彼らの代表が、普仏戦争の講和条約であったフランクフルト条約に対して異議を申し立てていた。それは一八七四年のドイツ帝国議会の選挙結果でも示した抵抗が、その理由に挙げられる。

アルザス・ロレーヌに関して、当政策委員会が確信するのは、連合諸国のドイツでのプロパガンダは、いかなる事情があろうとも、この権利が正当なものだと主張して、連合諸国の決定をドイツの人々に知らしめるべきだ、ということである。

その結果、次のような決議を採択した。

1. アルザス・ロレーヌに関するプロパガンダは、フランスが示す概略の路線に沿って、統一され、管理されるべきこと。
2. 常に最初の論点とすべきは、踏みにじられた正当性と、住民たちが厳粛に何度も繰り返した異議申し立てによって表明された決意である。
3. アルザス・ロレーヌの問題は、国際的な正当性の問題であり、その解決は全世界に影響を及ぼすものである。

ドイツ国民へのプロパガンダ

ドイツ国民に対して行われるプロパガンダでは、政策委員会はノースクリフ卿が推進している、将来のドイツの地位に関する政策に全面的に賛同する。これは英国政府の賛同を得ており、ノースクリフ卿の開会の演説に要約されている。

それは、連合国各政府の主な目的はドイツを変えることであり、連合国政府のプロパガンダはドイツ国民を苦しめることではないと明確にすることだった。そして、プロイセン軍国主義という制度を転覆し、必要な修正や復興（主にベルギーについて）を行って、ドイツが文化的な社会の一員としてそこに参加する資格を得た時、そしてヨーロッパ全体を支配しようとする意図を全面的に放棄した時、ドイツ国民は初めて世界における相応の地位を得て、世界に受け入れられる希望を持つことができる。

同時に、平和で正当な条件が受け入れられない限り、連合諸国、そして何よりもアメリカ合衆国は、経済的な圧力をドイツ人にかける立場にあり、また実際に圧力をかけることをドイツ国民に知らせるべきだとして、政策委員会はその重要性を強調した。

この目的のため、政策委員会は以下の勧告を行った。連合諸国とアメリカは包括的な世界機構を計画、準備しており、特に、連合諸国とアメリカの間では経済政策上すでに協力体制があることを、公式にドイツ人に向け発表して知らしめるべきである。これに基づき、当政策委員会は、会議において次の決議を採択、勧告した。

各連合国政府は、それぞれの活動分野で、また共同作業で、すでに効果的な経済協力体制を始めている。経済協力は、今日の戦争では強力な手段である。それを鑑みるに、それは戦争が終わった後に、世界資源を組織化する基盤となるであろう。

当協議会は、今まで獲得した成果に満足しており、情報を提供することによって、敵国の世論に現状の明瞭な理解を促したと信じている。その情報とは、連合諸国の経済活動の法則と、日々の業務による活動の成果、また敵が直面している脅威の深刻さを示し、また連合諸国に協力した者に与えられる利益をも示すものである。

そして政策委員会は次の決議を採択した。

敵国におけるプロパガンダを運営するにあたり、連合諸国の政策と組織の調整が極めて重要だと考慮した結果、この目的のためには恒久的な組織が必要である。

この組織は四人のメンバーから成り、この会議に参加している四つのプロパガンダ機関をそれぞれ代表している。個々のメンバーは代理か補佐、または必要に応じ、両方を任命できる。

正式な本部が決まるまで、この組織の仮本部はロンドンのクルーハウスに置かれる。

この組織の費用は四カ国の政府が等しく負担し、さらにそこには常設事務局が置かれる。

政策委員会は、この決議に従って、連合国諸政府とアメリカによって計画を実行するように決定した。それは提案された合意が連合国のプロパガンダ方針の調整を促すかもしれない、また適切な時期に連合国諸政府による統一宣言の準備を容易にするかもしれない、さらにこれに見合った議会組織を補佐できるかもしれない、といった希望によって大きく影響を受けたのである。

ビア軍の勝利は目覚ましい進展を見せた。そしてブルガリア人は今や

前線から160キロ撤退した

彼らは連合軍将兵の前進に対して、何ら強い抵抗を示していない。西部戦線でのドイツ軍の敗北は、彼らを意気消沈させ、戦う熱意を弱めた。我々は戦闘を続けるのは無意味だと知っている。

帝国宰相のヘルトリング伯爵もこれを知っている。彼は帝国議会の最高委員会で語ったが、深い不満が人々の輪をとらえた。彼はどうしようと言うのか？　ドイツの人々の以前からの確実な信望を集めていて、この状況をわずかでも改善できる希望のあるヒンデンブルクとルーデンドルフに頼るのか？　しかし彼らにその改善は不可能なことを、帝国宰相は知っているし、私たちも知っているし、そして全世界も知っているのだ。

ただドイツの人々自身だけが

独裁政治、軍国主義、汎ゲルマン主義、そして時代遅れの不条理を終わらせて、改善することができるのだ。他の国の人々はずっと以前から、それらを廃止してきたのである。

リーフレットの裏面：

上の地図は、リーマン・フォン・ザンデルス将軍指揮のトルコ軍を全滅させた英国軍の周辺の動きを示している。

地図のメモ：
英国騎兵隊。
ここで25,000のトルコ軍が降伏した。
対トルコの戦線の突破口。

下の地図は、バルカン半島で獲得した領土を示している。フランス軍とセルビア軍によって、ブルガリア軍は戦争中で最も重大で苦しい敗北を喫した。

訳注　**リーマン・フォン・ザンデルス**

オットー・リーマン・フォン・ザンデルス（1855～1929）ドイツ、オスマン帝国の軍人。ドイツの軍事顧問としてオスマン帝国軍の近代化・再編に尽力。第１次世界大戦ではガリポリで勝利するも、後にパレスチナで連合軍に敗れる。

ヘルトリング伯爵

ゲオルグ・フォン・ヘルトリング（1843～1919）バイエルン及びドイツの政治家。バイエルン王国首相を経て、1917～18年には75歳の老齢でドイツ帝国の宰相となる。しかし軍部の暴走を抑えきれず退任、その３カ月後に死去した。

兵士たちへの情報リーフレット。

ドイツの将軍の逃亡

トルコは、惨劇の責任をリーマン・フォン・ザンデルス（**訳注**）に負わせた

2つの軍団が壊滅

ブルガリアは、バルカン半島内の戦線で追われている

ヘルトリング伯爵（**訳注**）の憂鬱

リーマン・フォン・ザンデルス将軍が指揮するトルコ軍に対して、英国軍がパレスチナで勝利を収めたことは、最初の情報で示したよりもさらなる前進と想定よりはるかに重大な局面を迎えた。

第７軍団、第８軍団というトルコの２軍団はもはや存在しない。彼らの軍需物資輸送隊、彼らのすべての大砲、そして彼らの全戦争資材が鹵獲された。

30,000人の兵士が降伏

そして、戦死や捕虜とならなかったわずかな者は、ばらばらの小さな集団で逃亡し、ヨルダン川を渡って国内をさ迷っている。英国軍は現在、トルコの第４軍団を追撃し、壊滅の瀬戸際に追い込んでいる。いずれにせよ、パレスチナでのトルコ軍の抵抗は完全に消滅した。ドイツ軍の総司令官であるリーマン・フォン・ザンデルス将軍は隙を突かれて、司令部の指揮に大きく遅れを取ってしまった。

英国軍を前にして逃亡中

トルコ軍は裏切られたと主張している。彼らの軍を指揮すべく任命されたドイツ軍将校たちによって不利な状況へ追い込まれたと主張している。パレスチナは今や彼らの手から永遠に失われた。聖なる地はイスラムの宗主国から解放された。連合軍はパレスチナをユダヤ人に戻すことを約束した。バルカン半島のブルガリア軍に対する、フランス軍とセル

TRUPPEN-NACHRICHTENBLATT. [illegible]

Deutscher General flüchtet.

Die Türken halten Liman von Sanders für ihr Unheil verantwortlich.

Zwei Armeen vernichtet.

Bulgaren werden auch auf ausgedehnter Balkanfront verfolgt.

Düstere Stimmung des Grafen Hertling.

Der Sieg der englischen Truppen in Palästina über die vom deutschen General Liman von Sanders befehligten türkischen Truppen hat sich entwickelt und hat viel größere Dimensionen angenommen als die ersten Berichte andeuteten.

Zwei türkische Armeen, die 7. und die 8., haben aufgehört zu existieren. Ihr ganzer Train, alle ihre Geschütze, ihr ganzes Kriegsmaterial ist erbeutet worden.

30000 Mann ergaben sich.

Die wenigen, die dem Tode oder der Gefangenschaft entgingen, flüchteten in kleinen, zusammenhanglosen Gruppen über den Jordanfluß und treiben sich nun im Lande herum.

Jetzt verfolgen die Engländer die 4. türkische Armee, welche auch in Gefahr steht vernichtet zu werden. Auf jeden Fall ist der türkische Widerstand in Palästina endgültig gebrochen.

General Liman von Sanders, der deutsche Befehlshaber, der so vollständig überrascht und vom feindlichen Hauptquartier an Führung so übertroffen wurde,

flüchtet vor den Engländern.

Die Türken behaupten sie seien verraten und von den deutschen Offizieren, die ihren Streitkräften vorgesetzt waren, ins Unglück geführt worden.

Palästina ist ihnen nun auf ewig verloren. Die Heiligen Stätten sind von der Muselmannherrschaft befreit. Die Entente hat sich verpflichtet Palästina dem jüdischen Volke zurückzugeben.

Der Sieg der französischen und der serbischen Truppen über die Bulgaren im Balkangebirge hat sich in schlagender Weise entwickelt.

Die Bulgaren ziehen sich jetzt auf einer Front von

160 Kilometern zurück.

Sie haben dem Vordringen der Ententetruppen keinen starken Widerstand entgegengesetzt. Die deutschen Niederlagen an der Westfront haben sie sehr niedergedrückt und ihren Kampfeifer geschwächt. Wir wissen, daß es nutzlos ist den Kampf fortzusetzen.

Dies weiß auch Graf Hertling, der Reichskanzler. Er hat dem Hauptausschuß des Reichstags gesagt, daß tiefe Unzufriedenheit weite Kreise der Bevölkerung ergriffen hat. Was empfiehlt er? Daß das deutsche Volk das alte, sichere Vertrauen auf Hindenburg und Ludendorff bewahren soll, in der Hoffnung, daß sie die Lage ein wenig bessern möchten. Aber er weiß, wir wissen und alle Welt weiß, daß sie sie nicht bessern können,

nur das deutsche Volk selbst

kann eine Besserung herbeiführen dadurch, daß es der Autokratie und dem Militarismus, dem Alldeutschtum und den veralteten Lächerlichkeiten, [illegible] andere Völker schon längst abgeschafft haben, ein Ende macht.

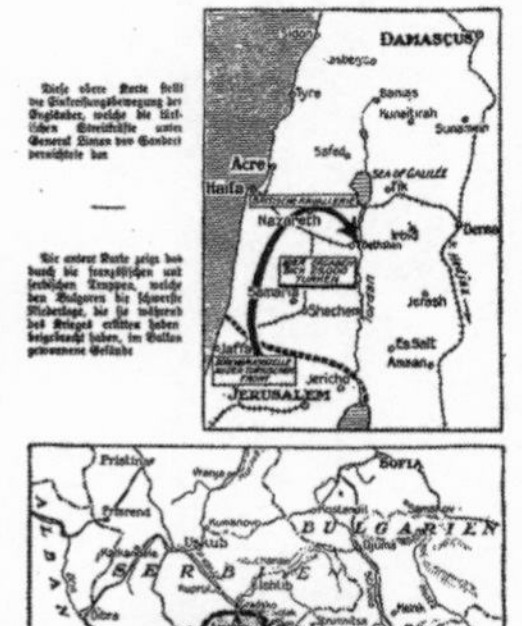

Diese obere Karte stellt die Einkreisungsbewegung der Engländer, welche die türkischen Streitkräfte unter General Liman von Sanders vernichtete dar.

Die untere Karte zeigt das durch die französischen und serbischen Truppen, welche den Bulgaren die schwerste Niederlage, die sie während des Krieges erlitten haben beigebracht haben, im Balkan gewonnene Gelände.

配布委員会でのさまざまな議論

配布委員会の議論は非常に興味深く、実り多いものだった。それはプロパガンダが取り組むあらゆる分野にわたるもので、配布委員会の報告は、現状のプロパガンダが使っている配布方法を手短かにまとめ、個々の有用性を要約した。

軍事的方法では、イタリアは飛行機、配布用の砲弾、連絡用の偵察隊による配布を用い、フランスは飛行機、配布用の砲弾、気球を、英国は西部戦線では気球のみ、東部戦線では飛行機を使用した。そして、地中海における特別な目的のためには、飛行艇が使われた。それぞれの国は自らの採用した方法が有効だと述べたが、すべての国々がその結果の情報を交換すると同意した。

ある実例を取れば、イタリア山岳地帯の戦線では、限定目標に向けて大量の箱詰めしたプロパガンダの投下が必要だった。しかしほとんどの場合、リーフレットを広範囲にばらまく方法としては、個人が安全に隠して持っていくことだった。フランスは、まだ実験段階だったが、ある仕掛けを説明した。それは、飛行機から自動的にばらまく方法だった。そして英国の気球による「ばらまき」方法が最も適していると賛成を集めた。

砲弾による配布にはさまざまな工夫がなされ、発射角度が高く、風向がよい時のリーフレット配布は成功した。しかし、パンフレットではまだ成功していなかった。遠方の目的地へ正確に配布するには、飛行機が最適な手段だとは認められたが、数百ヤード（五〇〇ｍ）から一〇マイル（一六㎞）までの近距離では、砲弾配布が最も正確であった。

配布範囲については、飛行機が最も広く配布できると認められた。フランス軍がベルリンで、またイタリア軍がウィーンで印刷物を撒いたことが素晴らしく有効な成果だと認められた。

当時使われていた紙製気球は、二〇から三〇マイル（三二～四八km）以内では十分な効果があるが、一〇〇から一五〇マイル（一六〇～二四〇km）先の目標になると正確さを期しがたかった。しかし、例えば英軍の所有していた布製のより大型の気球、あるいは大型の「ドープ塗料で加工した」紙製新型気球、またはフランスで実験中の強化紙製の気球は、数百マイル（八〇〇～九六〇km）まで飛行配布距離を延ばしていた。

箱での配布については、当時英国とフランスが使っていた標準的な気球では四ポンド二オンス（一・九kg）までの印刷物を運ぶことができ、砲弾は数オンス（一六〇g）から八～九ポンド（三・六～四・一kg）までを射出できた。総司令部が持っていた大型布製気球は、一五ポンド（六・八kg）まで運ぶことができた。

気球の使用は、他の活動を妨げず、また敵からの報復もなかったので、何の反対もなかった。砲弾は、夜間や狭い範囲で使う場合を除けば、相手の敵愾心を刺激しがちだった。飛行機の使用については、異なった経験や意見が述べられた。イタリアとフランスは、ドイツ軍の捕虜になった飛行士は暴力を受けなかったと述べ、飛行士にこういう任務を課すのは難しくなかった。しかし英国は、ドイツが強硬処置を取っていることに触れ、リーフレットの配布後に捕虜となった飛行士には、これからも厳罰が続くという威嚇を受けていると言明した。

英国空軍省は、これを十分考慮した結果、プロパガンダの価値を高く評価しているにもかかわらず、この目的での飛行機の使用に反対した。ひとつには、このような任務に就く、飛行前の若い飛行士たちに与える心理的悪影響から、もうひとつは空軍本来の目的（飛行機による攻撃）のために訓練された飛行士や飛行機自体が不足していたからである。総司令部の代表、即ちフランスは、英国陸軍がこの意見を受け入れたと言い、平均して週三日は西部戦線で気球が使えること、そのうえ、妥当な要求に合わせて、気球を使うのに何の技術的な問題もないと付け加えた。

この議論の最中、フランスの代表は爆弾攻撃の際にリーフレットを投下する是非について、ある有名な連合国寄りのドイツ人の意見を報告した。それは、ライン地方やドイツの豊かな都市では、実際に爆弾を落とす恐怖のプロパガンダのほうが、印刷物を落とすよりも効果があるという意見だった。

また、飛行機の使用についての提言では、敵の前線と平行に飛びながら、高い高度からリーフレットを投下するなら、さまざまな問題も起こさない上に、前線を越えて敵占領地域の上空から直接配布するような危険はない、と意見がまとまった。

英国ではある装置が試験的に研究されていた。これは飛行機に危険を及ぼす可能性があって、実際には使われなかったが、この装置の見本が披露された。それは、箱形の凧で、ロープを伝う機構が上下しながら風の勢いを使い、必要な高度からリーフレットを撒く装置だった。飛行機に危険を及ぼさないならば、この方法は少ない費用で使用効果があると認められた。

配布委員会は、連合諸国が使用する手段やそこから得た結果について、定期的に情報交換を行うのは非常に価値あることで、こういった情報や報告を収集し交換するために永続的な機関が設立されるべきだと勧告した。

イタリア軍飛行機から爆弾の代わりにウィーンに投下され、「白いシャワーのように舞い落ちていく」リーフレット

民間を通じたプロパガンダ

軍の関係ではない民間を通じたプロパガンダを広める方法について、配布委員会は、敵国でも引用されたり読まれたりしている中立国のニュースや記事の書き込みにもっと注意を払うべきだ、と勧告した。特に強調されたのは、厳密な中立性を保ったり、または敵側に加担しているような新聞や出版社と効果的な関係を築く重要性であった。

配布委員会は、それぞれの国が、担当機関を通じて特別な情報経路を作り、それによって敵側の新聞特派員を感化し、情報提供を受けられるよう努めるべきだと推奨した。機会があるならば、いろいろな国の組織同士で機会をうまく分けあい、重要な特派員に近づいて関係を築くことが必要である。このような計画によって築いた情報経路は、連合諸国のそれぞれの地域で活動する者は誰でも利用できるようにすべきである。

ドイツに向けた通常の著作物の輸出がまだある程度機能しているとの認識から、配布委員会が推薦したのは、戦争の問題に直接触れていないまでも、敵国世論を民主的に教育するよう巧みに計算された出版物を中立国で発行することだった。配布委員会は実際の効果を考慮し、連合国寄りの敵国民が実際に書いたものや、革命的傾向を持つ人物が書いた出版物を注意深く選び、できる限りの経路を使って入手し、敵国内で秘密裏に回覧させるべきだと考えた。配布委員会は、この不安定で微妙な性質の仕事について、こういった本の配布用に新しい経路を探して、組織する必要性を強調した。

資料委員会の考える正しい路線

資料委員会が最も時間を費やしたのは、どのような形ならプロパガンダが最も効果的か、実際の製作ではどんな手法が望ましいかであった。

ドイツの軍隊と国民の士気を沮喪させる最良の方法は、この先戦争を続けても彼らの利益にはならないと示すことだとの合意を得た。戦争が長引けば長引くほど、彼らの戦中や戦後の生活は苦しくなる。そして、国際社会で彼らの地位を再び確保できる望みがあるとすれば、それは彼らを戦争に引き込み、勝利するという嘘を何度も約束した悪の指導者たちを追放することだった。

それまでのドイツ国民は常に希望を持っていた。ロシアの戦線脱落、Uボート作戦、西部戦線でのドイツの最終攻勢から、彼らは大勝利をあげていると希望を持たされてきた。

しかし、この時初めて、指導者たちは国民の前にどのような希望をぶら下げるべきか分からなくなった。それゆえ、時期を得た方向性を考えれば、まさに今がプロパガンダを行うべき時であった。

最良のプロパガンダは、アメリカが戦場や本国の工場、造船所、農場でいかに偉大な戦争努力を払っているかを強調することだ、と資料委員会は考えた。同時に、ドイツの商業的な見通しが暗いこと、連合諸国が原材料を統制する恐れがあること、ドイツの数多い貿易上の秘密が暴かれること、そして、戦争前はドイツがほぼ独占していた工業の分野でも、フランス、イタリア、英国、アメリカがどれほど発達してきたかを、ドイツ人たちにできるかぎり鮮明に理解させるべきである。

また、これまでドイツ側に隠されてきたフランスと英国の食糧事情の実態も明かされるべきだろう。

連合諸国の成功のニュースをできるだけ早く彼らに知らせるべきである。彼らはできるだけ意気消沈させねばならないが、同時に彼らが戦っている相手との友好的、商業的関係が永久に失われると思い込まないようにせねばならない。もし彼らがそう思い込むと、彼らはかたくなになり、可能な限り必死に戦おうとするからだ。

もし彼らが、汎ゲルマン主義を排し、鉄と血による世界制覇の持論を捨て去るなら、以前と変わらぬ交流関係によって再び受け入れられると考えるように門戸を開けておくことが、プロパガンダの正しい路線だと資料委員会は考えた。兵士たちには最も単純なプロパガンダが最良だと資料委員会は考えた。

さらに複雑な議論や論証・説明は、パンフレットとしてドイツに密輸したり、中立的な新聞記事として扱われるべきであろう。できるだけ図表などを使って、すぐに目を引くように作るべきだと考えた。

革命を促すプロパガンダは

革命的なプロパガンダの問題についても、長い議論が交わされた。戦争の責任について、またドイツ国民が苦しみ、またこれからも味わうはずの困難については、一般的には汎ゲルマン党のせいだと非難するほうが、ドイツ皇帝を攻撃するよりも良いとの意見も出た。一方、個人への攻撃のほうが政党を攻撃するよりもはるかに効果的だとも指摘された。

それが真実か、あるいは見せかけかにかかわらず、ドイツ第二帝国のホーエンツォレルン王家に対する非難の声、つまりドイツ国内から沸き起こった意見は、常に取りあげられるべきである。連合諸国からのあからさまな攻撃は、ドイツ国民の皇帝への忠誠心を弱めるより、むしろ強めるかもしれないという危険を避けるためである。

かなり多くの資料をドイツの反帝国、反政府側から入手する一方で、例えば社会主義者の演説を広めることは、逆に彼らが演説しなくなって当方の不利益となり、得られるはずの利益を相殺するかもしれないとの懸念も出た。社会主義者の中には、自分たちの運動の成果が薄くなるとの理由で、彼らの演説をプロパガンダに使わないようフランス政府に求める者もいた。

ドイツ兵士への脱走の煽動は、適切で効果的であろうと賛同を受けた。捕虜となった直後に撮影された、彼らのみじめな状態の写真と、捕虜になって二カ月後の健康状態が良好な写真をドイツに送り込むことも推奨された。

オーストリア・ハンガリーについて、マジャール人小作農による土地所有の悲願や、ドイツのプロレタリアートの不満につけこむことも正当かどうかも資料委員会で討議された。ハンガリーの農地改革運動家たちを支援しても問題はなかろうと合意に達した。しかし、オーストリアやドイツの労働者階級へのボルシェビキ的な（過激派の）プロパガンダについては、連合諸国は単に彼らの印刷物を撒くだけに留めるべきだとなった。

アメリカ合衆国は自国のスラブ系アメリカ人を動員することによって、英国やフランスでのプロパガンダ業務のために、各スラブ系国民の肩代わりができるかもしれないという提言もあった。

対ブルガリアのプロパガンダ

ブルガリアでのプロパガンダは、連合諸国とアメリカ合衆国が、この国をどう扱うかの政策に左右される。この政策がはっきりするまで、大きな動きは始まらない。しかし、ブルガリア人には、いままで彼らが全く知らなかった数多くの事実、例えば、英国を飢餓寸前に追い込むはずのUボート作戦が失敗したことや、アメリカの大規模な部隊がもうフランスに到着していることを知らしめるのは有効だった。

こういった内容のリーフレットが大量に、ギリシアのテッサロニキ前線に飛行機で定期的に投下されていた。スイスに住んでいるブルガリア人を通して、いろいろな働きかけができるという助言もあった。しかしブルガリア人が、アメリカ合衆国が彼らの友人であり、何が起こっても助けてくれると信じている限り、彼らにほとんど影響を与えることはできなかった。

各プロパガンダ機関の相互協力体制

プロパガンダに関わるそれぞれの機関の相互協力については、中立国における連合諸国の出先機関同士が、親密な関係を構築し、意見を交換し、活動の状況を漏れなく共有するために、時々会合を開くことも提案された。これらの中立国の出先機関は、外交官や軍の代表、さらには同じような業務の他の機関と、共に協力することが特に必要だと強調された。資料委員会は全会一致で上記の各提案を承認した。そして可能ならば、これらの出先機関は、質問や助言が受けられるよう、中央委員会の指導のもとに置かれるべきだ、と但し書きが付いた。

このような中心となる機関の設立を待つ間、各プロパガンダ部門が彼らの全ての活動状況を報告し合い、各部門が作った方針の写しを互いにやり取りできるように、すぐさま手続きがとられた。作成した方針の回覧は、提案を受けた中心機関の主な活動の一つで、これを迅速かつ効果的に行うように賛同を受けた。

また、このような中心となる機関を作ることは、プロパガンダの効果を測るためにも、非常に効果的であると賛同を受けた。このような効果測定の実行は、一般的には欠陥が多いと思われてきたが、相互協力により、また情報の比較によって改善されるだろう。

捕虜を尋問して軍事情報を得る現在の方法には、プロパガンダの情報収集のため、さらに特別な質問を加えること、そしてこれには敵国プロパガンダ部門の特別代表者が当たるべきだとの提言があった。

中立国経由でドイツ人に影響を与えるプロパガンダについては、いくつかの重要な点が指摘され、賛成を受けた。

それは、映画館のフィルムを統制し配給する仕事で、今まではスイスの連合諸国間委員会が行ってきたが、他の中立国、特にスウェーデンにも、これが拡大されるようにとのことだった。資料委員会に寄せられた情報から、スイスとスカンジナビアでドイツ人が所有する映画館の数が最近とみに増加していることが分かった。これらの映画館は、娯楽性の高い映画を連合諸国からの入手に頼っており、ドイツからは特別なプロパガンダ映画だけが配給されていた。連合諸国からの映画の配給を統制することで、これらの映画館の活動が衰え、やがて閉館ということになるだろう。

中立国の編集者や新聞記者を何人もアメリカに招くのもよいアイディアだと認められた。彼らが何を見て、アメリカという国の印象をどう評価するかといった記事は、ドイツ人の世論にも影響を与えるだろうと思われた。

ドイツの世論に影響を与えるには、どこから見ても自立独立していると思われる通信社が、中立国にさらに数多く設立されること、そして、物議を醸すような論説ではなく、特に連合諸国が経済分野で何をしているかという報道記事、自国の将来を憂うドイツ人が書いたように見える記事をもっと多く掲載するよう努力すべきで、連合諸国の新聞が、中立国にもっと多く送り込まれて、ドイツに入り込む機会を増やせるようにすべきだろう。

戦争捕虜委員会での議論は、クルーハウスが取り入れたプロパガンダ手法が有効だと賛意を受け、それが一般的な手法として連合諸国によって続行されるよう、勧告の形式を取った。

この最終的な全体協議会は一九一八年八月一七日に開かれ、各委員会の報告が全会一致で賛同を受け、四国の代表者によって各政府の承認と認可のために提出された。協議会は連合国諸国間の敵国プロパガンダを実行する永続的な機関の設立を決議し、それによって偉大なる前進がもたらされることとなった。ノースクリフ卿はフランスのプロパガンダ当局と密接な関係を維持するため、陸軍大佐オンズロー卿を、クルーハウスの代表としてパリに赴任させた。

休戦条約の署名まで、それぞれの政府は、この永続的な連合諸国間機関に自国の代表者を任命し、その設立のあらゆる準備を行った。この組織は、戦闘行為を終わらせ、戦時におけるプロパガンダから、戦後の歴史に新しい章を開くであろう。ノースクリフ卿が協議会の最後で演説したように、このような連合諸国間組織の設立は、各国の政策を全体的に調整し、戦争の経験から学んだように、迅速で効果的な行動へ一歩近づくものである。

しかし、協議会そのものの業務は、プロパガンダが激しさを増した時に、さまざまな観点から、多様な局面で、敵に対するプロパガンダを組織化し方向性を概観し調査したという意味で非常に価値あるものだった。この報告書自体が、プロパガンダの科学であり芸術ともいえる教科書そのものとなっているからである。

第八章　戦時下のプロパガンダから和平へのプロパガンダへ

英国の政策調整について

一九一八年八月にクルーハウスで開催された連合諸国間プロパガンダ協議会は、その現実的な姿勢によって、敵側諸国内に戦争に関する事実を知らしめ、直接的な影響を与えた。さらに、この協議会は、以下のような二つの異なった方向性を持つプロパガンダ活動にとって明らかに有用だった。

これは、まず第一に影響力を持つ四カ国の代表者たちの間に、相互理解をもたらし、各国の努力と決意、そして勝利の達成に向けて結束する意思を、言い換えれば、連合諸国のより大きな目的達成のために、個々の利害を二の次にして準備するお互いの意思を、一段と良く理解し合うものだった。

第二に、この協議会は、プロパガンダという課題について一致協力した整然たる行動がいかに大切かを、それに関わる英国政府各部門に理解させる教師ともなった。その後すぐ、この一部門の影響力のある代表者から、何らかの形でプロパガンダに関わる英国の全部門を代表する委員会を設立すべし、という提案がなされた。また、一九一八年九月のブルガリア王国崩壊は、世界大戦の終焉が来つつあることを意味し、「戦時下のプロパガンダ」は着実な進化をとげながら「和平へのプロパガンダ」に変わっていかねばならないことが徐々に明らかになっていった。

連合国が意図する平和の理念が、英国内、英国連邦の自治領、連合諸国、中立諸国と同じように、敵側諸国の世論でさえも、受け入れられるよう誘導していかねばならない。英国の威信を保つことは、和平会議の前、ならびにその最中の双方で、ニュースとそれに関する見解を広めることで、和平における英国の立場が正当なものだと受け入れられることである。

したがって、英国の全てのプロパガンダ担当者たちが、統一された意見で語ることが、これまで以上に必要不可欠となった。それゆえ、関係する諸部門間委員会が行うべき準備作業が発生した。この委員会を組織するため、関係諸部門に招待状がすでに送られていた。それは、この委員会の代表として、各部門の決定権を持った正式な責任者が出席し、この委員会で問題を討議するためである。これらの招待を、次の各部門が受理した。

戦時内閣
海軍省
戦争省
外務省
財務省

情報省
空軍省
植民地省
インド事務所
戦争目的委員会
公式報道事務所

これらの部門の代表者たちは、ノースクリフ卿の組織と共に、公的な目的上、英国戦時特命機関と改めて呼ばれることになる。そして、これは英国戦時特命機関の政策委員会として知られることになった。

和平に向けたプロパガンダの研究

この政策委員会を組織している間、クルーハウスでは「和平に向けたプロパガンダ」問題の研究を続け、一連の討議の成果として、そのようなプロパガンダを展開する基礎となる覚書を作成した。

英国戦時特命機関政策委員会の最初の会議は、一九一八年一〇月四日にクルーハウスで開催された。ノースクリフ卿が病欠したため、私、キャンベル・スチュアートが議長を務めた。私はクルーハウスがこれまでに続けてきた業務を要約した報告書を手渡し、どのような結果であっても、これらの業務は関係諸国それぞれの明確な政策に基づいた状況下で展開されたものだと述べた。

これらの方針はすべて英国政府に提出して、承認を受けていた。こういう手順を踏む利点は明らかだった。これで、各プロパガンダの担当者たちは、敵に対して行った表現内容が、実際の出来事と矛盾していたのではないかと危惧することなく、一貫した方針で作業できた。

このように、プロパガンダの表現内容は次第に累積効果をもたらした。たとえば、敵軍の兵士たちが、最初はプロパガンダの内容を疑わしく眺めていたものの、事実を知って、最初から本当のことが書かれていたと分かって、徐々に信用していく。その結果、真剣に注目するようになる。

もう一つの利点は、連合諸国の政策は、連合軍が獲得しようと努力し、平和を守ろうと誓う戦争目的とも一致せねばならない必然の状況から生まれた。またプロパガンダの方針も、連合軍の戦争目的と一致しなければならず、戦う目的について、連合諸国の政治家たちが宣言を繰り返すことで、より強固なものとなっていった。

第三の利点は、敵側が軍事上の大勝利を収めて、連合国側の戦争目的が達成不可能な状態にならない限り、敵のプロパガンダが我々のプロパガンダ効果を無力化できないことだった。その結果、連合国側の勝利はすべて、プロパガンダの有効性を高め、戦争目的の達成に近づくものだったのである。

クルーハウスの取り組んだ活動の概説

当初、クルーハウスの取組みは、当然ながら暫定的、試験的なものだった。その真価は実地体験によってのみ証明できるものだ。この検証は、オーストリア、ハンガリー、ブルガリア、ドイツで見ることができた。

オーストリア・ハンガリー帝国について言うならば、クルーハウスのプロパガンダは、一九一八年六月のピアーヴェ川の戦いで、オーストリア軍の撃破に貢献した。もしイタリア当局の政治的、近視眼的、個人的な打算による妨害がなければ、イタリア軍はさらに前進して、はるかに優位な立場になったと思われる。

このプロパガンダ作戦の基となったオーストリア・ハンガリー帝国内の諸民族を解放するという方針は、すでに帝国の内部で顕著な効果をもたらし、住民の大部分を叛乱を起こす寸前にまで導いていた。一九一八年三月のイタリア・ユーゴ・スラブ合意、ハプスブルク帝国内の迫害された諸民族に関する同一九一八年四月のローマ会議、それに続く連合諸国とアメリカ合衆国による、ポーランド・チェコスロヴァキア・南スラブ人に関する宣言、またチェコスロヴァキアを承認し、ユーゴ・スラヴィアを将来の連合国側として戦う国として認めたことは、直接的な後押しというわけではないが、クルーハウスの努力が影響を与えたことは確かである。

ブルガリアについては、その政策が完全に逆転するまで、クルーハウスはブルガリアからの打診を断固拒否し続けた。その政策が逆転すると、オーストリア・ハンガリー帝国へのプロパガンダにはさらに優位な見通しが開けたのである。

ドイツにおける仕事は、楽観的でも悲観的でもあった。その目的は、ドイツの人々に希望と恐れをもたらす何ものかを与えること、言い換えるなら、彼らが破滅から逃れる唯一の方法は、ヨーロッパに戦争を起こした社会体制を打ち壊して、連合国側の条件を受け入れ、国際連盟への加入資格を得ることであると明確に示すことだった。

こういった啓蒙的な努力に加え、実際の軍事状況について、常に我々は敵軍に継続して事実情報を提供した。我々はドイツ軍当局が自軍に隠していた最新情報を与え続けたのである。したがって、そこに彼らの警戒の声があがるのだ。

しかし、プロパガンダの一般的業務を可能な限り迅速に、かつ効率的に行うには、あらゆる政府部門の努力を調整するという課題が残された。

残念ながら、「プロパガンダ」という言葉は本来の語義が失われている。その真の意味とは、連合国がどのような世界を創ろうとしているのか、そして、彼らがそれに協力するか、それとも抵抗を続けるかで、彼らの将来に占める地位が変わることを彼らに教え込むことだった。

もうひとつは、連合国の政策を連合国内の人々が全面的に支持し、その重要性を理解することだった。平和の本質を犠牲にしかねない分岐点に差しかかった時に支持を得られるよう、連合国の人々に事実を広めることもプロパガンダの意味するところだった。

実際の敵と陸と海で戦う他には、プロパガンダより重要な仕事はなかった。それを成し遂げるには、政府の全部門の知力と努力の結集が必要だった。こういった理由から、関係する政府諸部門の代表者評議会を設立すべしという提案は、各部門が行う作業の分散や重複を避け、互いの仕事への理解を深め、全ての関係部門の努力を唯一の目的に向ける十分な協力体制が必要だったからこそ、心から歓迎されたのだった。

和平への攻勢へ

戦争が終わりに近づくにつれ、対敵プロパガンダは徐々に、攻撃的なものから和平攻勢へと変わっていかねばならない。したがって、「英国戦時特命機関」は、連合諸国、中立諸国、敵対諸国のさまざまな部門や政党による、領土、政治、経済などへの提案を集めて分析する組織をすでに作り上げていた。

こういった方向への一歩は、一九一七年の始め、「戦争省」が発行したチャルマーズ・ミッチェル大尉のプロパガンダ資料室のレポートだった。彼はその後、「英国戦時特命機関」と「戦争省」の連絡将校となり、政策委員会の書記を務めた。このチャルマーズ・ミッチェル大尉は、クルーハウスで前述の組織を担当して、その直接の業務内容はプロパガンダに役立つ情報を収集していたが、和平に向けた政策を立案しようとする人々にも役立つ資料が入手できるのは明らかだった。

敵側に向けたプロパガンダは、ある意味で方針を予測することだった。すなわち、政策の主導のもとに作られるものであるが、同時に状況に応じる必要性も政策に影響したのである。

したがって、この政策委員会の仕事は、平和に向けた多様な提案を集めて編纂し、資料として提供し、照合、修正して、そこからの推論を導き出すこと、そして提案されるであろう和平へのプロパガンダと平和に関する政策について、推論から示唆される行動とそれに対する反応についての討議を補佐するよう期待されていた。

政策委員会は以下の活動を直ちに行うことを決定した。

和平の条件を研究すること。

敵側の重要な地位にある代表者の発言を研究し、それがどこまで信用できるかを見極め、いかに対応すべきかを決断すること。

連合国の代表者による発言内容を提案し、その表現と内容を検討すること。

ドイツの民主化への過程に関する、ドイツ側の提案をどう受け入れるかに格別な考慮を払うこと。

ノースクリフ卿の声明草案

ドイツからの和平提案を参考にした上での、プロパガンダ方針に関する声明を起草するため、ノースクリフ卿はその決定の数日後に緊急招集された委員会の会合で、彼の部門はアメリカのウィルソン大統領の宣言を考慮しながら、声明草案を委員会に提出する準備ができていると述べた。若干の修正を加えて、この声明は原則として採決された。

その最終的な内容は、以下の通りである。


さらなる流血を防ぐため、ドイツ政府に陸海空の休戦協定の即時締結を求める。

この草案は、一九一八年一月八日アメリカ連邦議会でのウィルソン大統領による「一四カ条の平和原則」と、その後の声明、特に同年九月二七日の演説での内容を、和平交渉の基礎として受け入れるものである。

実際のところ、ウィルソン大統領の宣言は、一九一八年三月のブレスト・リトフスク条約の前に行われた態度表明であり、一九一八年五月のルーマニアとのブカレスト条約による平和施行前であり、一九一八年三月に春季攻勢を開始する前の、ドイツ側の態度から成るものである。したがって、現時点での和平条件の全てを表してはいないことを理解しておかねばならない。

和平交渉におけるドイツ側の態度とは、誠意ある交渉受諾から、当時の軍事情勢を考慮した交渉を希望するまでの、ありとあらゆる種類の解釈が可能なものである。それゆえドイツが連合国の調停条件を遵守し、全面的に容認し、保障しないかぎり、ドイツとのいかなる休戦をも認めることはできない。ドイツは、いくつかの原則を議論の余地なしとして受け入れ、連合国と関係諸国が細目とみなす部分のみが交渉可能であると明確に理解する必要がある。

我々は、公正で永続的な平和を守ろうとする連合国の力と意志を固く信じ、今は敵側の国民が、そのような和平確立に協力する用意があるという決定的な証拠を、好意をもって受け入れると見なすことができる。そのような協力条件を明確化するために、我々はドイツが和平案を提示した機会を用いて、ウィルソン大統領の演説内容をさらに細かく検討した。そして無条件で受け入れるべき原則や条件と、交渉可能な条件や細目とを明白に区別するものである。

議論の余地なき条件と、交渉可能な条件について

次の条件は、議論の余地のないものである。

戦争によって発生したあらゆる損害を査定するなかで、ベルギーの復興と賠償は、他とは別に考慮されるべきである。

1．ベルギーの領土、および政治機構の完全な回復。被害を受けた機械設備の補充・交換、戦争恩給用の資金、全ての民間人の死亡や負傷への十分な補償、ベルギーの戦時債務の弁済などを含む、物的な回復と再建への財政的負担はすべてドイツの責任とする。ドイツがベルギーを侵略した状況を考慮し、ベルギーの民間人が戦時法規や強制的権力に抵抗した行動は、いかなる訴えも受けることがない。今後のベルギーの国際的立場は、ベルギー国民の希望に添うものとする。

2．フランス領土の解放、侵略された地方の再建、全ての民間人の死亡や負傷に対する補償。

3．アルザス・ロレーヌ地方のフランスへの復帰は、戦後賠償の一部としての領土獲得ではなく、一八七一年に普仏戦争でフランスが敗北した時に、この二つの地方の住民がフランスへの

忠誠を選んだにも関わらず、ドイツに併合された過ちへの賠償として返還される。

4. 民族の状況に合わせて、イタリアの北部国境を可能な限り再調整すること。

5. オーストリア・ハンガリー帝国内のあらゆる人々に、世界の自由国家の中でのような彼らの立場を保証し、今のオーストリア・ハンガリー帝国の国境に縛られない形で、自らの民族的集団に復帰することを保証する。

6. 以前のロシア帝国に帰属したすべての領土からドイツ軍が撤退すること。ロシア革命以降の敵側諸国の人々、代理人、代表者との間で交わされた、ロシアの領土や権益に影響を及ぼす条約や協定を破棄すること。また、旧ロシア帝国内のさまざまな国や民族が各自の政府形態を決定するため、連合諸国が示す条件に協力すること。

7. 海に臨む独立したポーランド国家の形成。この国家は主にポーランド人が居住している領土である。その荒廃の原因となった大国（ドイツ、ロシア、オーストリア・ハンガリー）によるポーランドへの賠償。

8. 一九一八年五月、ルーマニアがドイツ、オーストリア・ハンガリー、トルコ、ブルガリアと結んだブカレスト条約を破棄すること。ルーマニア、セルビア、モンテネグロからドイツ軍が撤退し、復興させること。バルカン諸国がバルカン問題を最終的、かつ公平に解決するため、連合諸国は支援を行う。

9. 実行可能な限り、すべての非トルコ人に対する、オスマン・トルコ帝国の支配権を撤廃すること。

10. ドイツとデンマーク間の紛争地域であるシュレスヴィヒ地方（**訳注**）の人々が、自らが帰属し、忠誠を示す側を自由に選べること。

11. ドイツとオーストリア・ハンガリーによって行われた違法な潜水艦作戦に対する賠償として、この両国は違法に損傷、破壊した関連諸国、及び中立諸国の所有した商用船舶のトン数を弁償する責任を負うものとする。

12. 戦時国際法や人道に対する犯罪で告発された交戦国のすべての個人が、公平かつ正当な裁判を受ける裁判所を設置すること。

13. ドイツが失った、かつてのドイツ領植民地は、ベルギーへの違法な攻撃の結果として、いかなる場合でもドイツには返還されない。

以下に述べる和平の条件は、交渉可能なものである。

1．戦争における作戦行動から必然的に生じた損害に対する請求金額の調整。その中には、前述の議論の余地のない条件は含まれない。

2．将来の戦争を防止し、国際関係の改善を目的とした自由国家連盟の設立、組織、およびその一員たるべき条件。

3．和平条件が実行された時、すべての人々の法に基づく発展の機会と安全が保障される世界を創ろうとする連合諸国の決意によって、自由国家連盟は後押しされねばならない。

訳注

シュレスヴィヒ地方
ユトランド半島の付け根にあり、北はデンマーク、南はドイツと接し、東がバルト海、西が北海に面している。古くからデンマークとドイツの係争の地であった。現在は北部シュレスヴィヒがデンマーク領に、中部・南部シュレスヴィヒはドイツ領となっている。

この声明草案をめぐって

この声明草案は、プロパガンダの未公認の方針として用いるために、臨時に指定された政府代表によって承認された。各部門はそれを各自の必要に合わせて採用した。

クルーハウスの関係では、この草案声明を効果的に使ったことが二回ほどあった。その一つは、ノースクリフ卿が「対敵プロパガンダ委員会」の提唱で、一九一八年一〇月二二日、ロンドンの「ワシントン・イン」にて、アメリカ合衆国の関係者たちに向けた演説の中で、和平条件について語った時であった。

一九一八年一〇月二八日にクルーハウスで開かれた政策委員会の場で、この覚書についてのさまざまな部門の活動が報告され、承認を受けた。

クルーハウスでの政策委員会は、まず先日の、ワシントン・インでのノースクリフ卿の演説について報告した。次に、対敵プロパガンダ委員会の制作部門が、内容の異なる一連のパンフレットやリーフレットの作成について報告した。

三番目には、全体を包括する大前提と、ドイツが最終的にどう変わっていくべきかを示す声明が、記事や演説の形で広く公開され、出版されるように、草案を作成することが報告された。

そして最後に、対敵国プロパガンダのための恒久的な「連合国間プロパガンダ機関」の代表が、フランス、イタリア、アメリカの委員にこの「平和政策に関する覚書」のコピーを送り、彼らがまた英国の政策委員会と同様の行動を取って、次の「連合国間プロパガンダ機関」の会合の場で討議すべきことを通達した（ここで記しておくが、情勢の変化があまりに急だったため、次に予定された「連合国間プロパガンダ機関」

の会合は開かれなかった）。

それが政策委員会の最後の会議であった。この作業の最終結果は、（この本の執筆時点では）まだ明らかにされていない。すでに説明したとおり、クルーハウスは、わが英国国民、同盟諸国、さらには敵側にも、この覚書に関する記事を公開すると発表した。

しかし、そのような記事を主要な雑誌に大至急で掲載したり、演説の内容を入れ込む機会を得るのは、困難だった。このような状況のもと、委員会は、議長であるノースクリフ子爵に、彼の名前を使って、彼の配下の情報配布元（彼が所有する新聞社など）を利用することで、平和政策を可能な限り広い範囲に周知させるように依頼した。

ノースクリフ卿はこれに同意して、次のような記事を作成した。これは、合意を受けた政策声明の全文である。彼は、ロンドンプレスでの同時出版を手配した上に、世界の最も遠い地域まで、自費によって電信で送ったのである。英国財務省の長官が英国下院で述べたように、この文書は公式なものではない。しかしこの文書は広報的な政策基礎を作る上で、目的を詳しく説明するものだった。この事実は事前に発表されて、政策委員会によって承認されていたのである。

以下は、一九一八年一一月四日付『ザ・タイムズ』掲載の記事である。

ノースクリフ卿が描く戦争から平和への段階と条件

「戦争から平和へ」
ノースクリフ卿

この記事は、カナダ、オーストラリア、ニュージーランド、南アフリカ、ニューファウンドランド、インド、英国の保護領、アメリカ合衆国、南アメリカ、フランス、イタリア、スペイン、スイス、オランダ、ノルウェー、スウェーデン、デンマーク、日本など各国の主要な新聞に本日掲載されるものである。

また今週中にドイツでも配布の予定である。

ようやく平和の兆しが見えてきた今、各方面から「戦争状態から平和に向けてどのように移行するのか」という質問が出てきている。これは、平和を戦争へと変えてしまった一九一四年八月の宣戦布告のように、突然の劇的な宣言で成し遂げられるものではない。私が思うに、それは時間がかかり、骨の折れる、少なくとも連続した三つの段階を経る。これらの段階を経て、戦争状態を平和な状態に置き換えるための機構となる全体機関が設立されるのだ。

これら三段階の大枠を、我々の頭の中で明確に組み立てていくことが重要である。また、各段階がどれくらい誠実に、かつ徹底して行われたかに比例して、後を引き継ぐ者への移行が円滑に行われる。誠実で先見の明を持った人々の目標は、ただひとつである。それは、全ての人々に正当な進歩の機会と、身の安全が得られるような世界を作ることだ。その道筋は長く厳しいが、それは、友人に対しても、敵に対しても、同じ言葉によって、十分明確に説明できると私は信じている。

ノースクリフ卿が描く第一の段階について

I.

最初の段階とは、まず戦闘行為の停止である。その場合、休戦調停で停戦するのか、降伏によって停戦するかに関わらず、ドイツの人々の「名誉」を考慮する必要がある。ただし、ドイツ、オーストリア・ハンガリーなどの中央同盟国の戦略的、または実際の抵抗力によって、その条件を調整したり、妥協する必要は全くない。ドイツ人が屈辱を感じた場合、彼らはその屈辱を与えた人々（連合国）を非難するだろう。ドイツ政府の準公式報道機関である『ノルドドイッチェ・アルゲマイネ・ツァイトゥング』紙は、軍事力の部分では、我々連合諸国の予備兵力は、ドイツが太刀打ちできないくらい多いと認めている。

この『ノルドドイッチェ・アルゲマイネ・ツァイトゥング』紙の一九一八年一〇月一二日には、このような記事がある。

「我々ドイツが、今のような戦いを組織的に続けるなら、戦争は長びくだろう。ドイツ軍がすぐに全滅するわけではないし、先の道のりはまだ長い。戦線の後方には新兵や予備兵がいるし、本国にも投入できる新しい部隊が控えている。しかし、我々ドイツ側には明らかに、一定の限界があるが、我々の敵、特にアメリカ合衆国は、ますます規模を拡大し、兵員と物資を補充できる立場にある」

もうひとつ、一九一八年一〇月二五日付の南ドイツの主要な新聞である『ミュンヒナー・ノーエステ・ナーハリヒティン』紙で見つけた、ドイツ側の重要な認識は、次のようなものだ。

「ドイツが、今の戦線から後退した場合（当紙が言うには）、そして敵が戦線を越えて進軍した場合、ドイツの工業地帯は連合軍の砲撃や空からの激しい攻撃にさらされるため、ドイツの状況はさらに悪化するだろう。それにともなって、敵側の工業地帯の危険は減少するだろう。この状況を見るだけでも、敵は軍事的優位を保つだけでなく、それをさらに増すことになる」

このように、同盟国のオーストリア・ハンガリー等からの支援を奪われたドイツが、自国の絶望的状況を認識しているのは明らかだ。戦闘を停止する条件は、連合諸国の陸海軍の司令官たちにゆだねられ、もはや戦闘が不可能な状態で、ドイツ、オーストリア等の中央同盟国側が受け入れねばならない。

この厳しい必要条件をドイツがどんな精神状態で受け入れるかは、将来の道筋や結果を大きく左右すると、私は言いたい。ドイツがこういった条件にあらがったり、その実行を妨げるなら、ドイツの態度に対する我々の根深い不信感は次の段階まで尾を引き、我々連合国側の目的である、受け入れ可能な関係の再構築をさらに遅らせてしまう。

しかし、最近までドイツ国民の大多数が支持し、指導者たちが行ってきた、正義の力の脅威である腕力への信仰を、ドイツが言葉と行動によって放棄するならば、平等な正義の道への最大の障害が取り払われることになる。

ペンによる署名で休戦条件を受け入れる、または無条件降伏という違えようのない意思表示によってのみ、ドイツは戦争を停止できる。当然ながら、ドイツ軍の撤兵と連合軍の進駐については、陸海軍司令官たちの協議によって行わねばならないだろう。これらの作戦と詳細な取り決めに向けた最初の統治条件は、平和の確保である。

第二の条件は、民間人の生命と財産の安全確保である。すべてこの背後にある思いは、普通の生活に戻りたいという、人々の日々高まっていく希望である。協力と意見の統一が求められるが、それは将兵の復員と武装解除を厳格に行うためだけではない。敵味方の双方が公平に責任を分担しながら秩序を維持し、軍政から文民政治への移行を進めることが重要で、それには協力と意見の統一が必要なのである。

Ⅱ ノースクリフ卿が描く第二の段階について

戦争状態から平和な状態へ移行する第二の段階は、第一の段階が継続して維持され、安全が確保されたと思えた時点から始まる。それは、ドイツが一定の原則を、議論の余地なきものとして、受け入れることである。第一の段階が確定すれば、第二の段階を敏速に進めるには十分なはずである。そういう十分な保証があれば、ドイツ政府の無責任な独裁政治から責任ある民主主義への転換が、言葉通りに本物か、国民への発表がそう変化しているか、などと待つ必要はない。

第二の段階で、ドイツが受け入れねばならない原則は、これまでにさまざまな形で、いろいろな機会に言われてきた。このように全連合国が合意した意見は非常に明快なので、おそらくこの最終的な声明もそれに沿ったものになるだろう。

1. まず、ベルギーの領土、経済、政治の完全な復興である。これにはいかなる留保、交渉、反論、補足も必要ない。ドイツは最初の国際法違反で、またその後のベルギーへの扱いで、このように議論する全ての権利を失った。賠償は不可能だが、ここに示す形式と手段でベルギーを復興させねばならない。

2. フランス領の解放、侵略された州の再建、全ての民間人の死亡・負傷に対する補償。ここもまた、完全な意味での賠償は不可能だ。ドイツは改めてここに定めた形式と手段で、具体的な再建、交換、補償の全責任を負わねばならない。

3. アルザス・ロレーヌ地方のフランスへの返還。これは、領土の取得や戦争賠償の一部ではなく、一八七一年、アルザス・ロレーヌの住民の祖先が、自主的にフランスへの忠誠を選択したにもかかわらず、彼らの意志に反してドイツに組み込まれたという過去の過ちに対する補償である。

4．イタリア北部国境の諸民族に合わせた再調整。イタリア東部とアドリア海の国境は、一九一八年三月のイタリア・ユーゴスラブ合意によって具体化され、一九一八年四月のハプスブルク支配下で迫害されている諸民族のローマ会議で批准された原則によって決められる。

5．オーストリア・ハンガリー帝国における全ての民族に対して、世界の自由な国々の中での、彼らの立場を保証すること。また、オーストリア・ハンガリー帝国の現在の国境に関係なく、彼らの同族と一緒になる権利を保証すること。これには独立したチェコスロヴァキアとユーゴスラブ国家の樹立、ハンガリー領土の縮小、マジャール人の居住をその民族文化圏内に限定すること、全てのルーマニア人を現在のルーマニア王国に帰属させること、が含まれる。

同様に、オーストリア・ハンガリー帝国内のポーランド人とウクライナ人は、既存の国境を越えて、彼らの民族と自由に団結できること。また、オーストリアの一部がドイツに加わりたいという意思に対しても、否定はできない。

6．革命以前にロシア帝国の国境内であった領土からドイツが撤退すること。革命以降、敵国の人々やその代理人、代表者との間で締結された、ロシアの領土や権益に関するあらゆるロシアとの条約、合意を破棄すること。そして、旧ロシア帝国内に組み込まれていたさまざまな出自を持つ人々が、彼ら自身の政府の形態を決める条件を確保できるよう、連合国が全面的に協力すること。

ロシアが併合や補償なしに和解を申し出た時、ドイツ、オーストリア等の中央同盟国は、その軍事的に優位な立場を利して、あらゆる正義を拒否し、残忍で利己的な条件を課した。したがって、彼らは、ロシアおよび旧ロシア帝国内のさまざまな民族が、自己決定や政府形態を確立する努力に関わる権利を失うものである。

7. 7番目の議論の余地なしの原則は、

a) 海に面した地域のある独立したポーランド国家の樹立。この国家には主にポーランド人が居住する領土が含まれるものとする。

b) 混乱の原因となったドイツ、オーストリア・ハンガリーなどの中央同盟国によるポーランドへの補償。この条件は、ヨーロッパの正義に不可欠である。ドイツ帝国は国内のポーランド人を容赦なく抑圧してきた。正義と安定のためには、今のドイツ帝国領でポーランド人が多く居住する地域は、新たなポーランド国家になることが不可欠である。

8. ブカレスト条約の廃止。ルーマニア、セルビア、モンテネグロからドイツが撤退し、復旧させること。バルカン諸国が最終的なバルカン問題を公平に解決するように関連諸国は支援すること。

バルカン問題は解決せねばならず、関連諸国が遵守する民族自決の原則によって、バルカン諸国は自ら相互に合意を形成せねばならない。必要であれば、合意に達するまで関連諸国が助言を行う。

9. すべての非トルコ人へのオスマン・トルコ帝国の支配権を可能な限り撤廃すること。今のオスマン・トルコ帝国の複雑な民族分布は問題を難しくし、トルコ人の行動や意思のために、その統治は悲惨なものとなった。これは、ドイツ、オーストリア・ハンガリーなどの中央同盟国が、トルコの失政を全面的に黙認したためで、このような支配権は原則的に撤廃されねばならない。

10. シュレスヴィヒの人々は、どこに忠誠を誓うかは個々の自由である。シュレスヴィヒの事例は、基本的に自己決定の原則を否定したプロイセンとオーストリアによる、力ずくの方法の例である。こういった誤りは正さねばならない。

11. ドイツとオーストリア・ハンガリー帝国が行った国際法上違法な潜水艦戦の賠償として、これらの国々は、関連する中立国が保有する商用船舶のトン数のうち、違法に破壊したものを弁償する責任を負う。

警告が繰り返されたにもかかわらず、また、当時中立国であったアメリカ合衆国政府に誓約した声明とは裏腹に、ドイツ、オーストリア・ハンガリーの中央同盟国がとった根本的な考えと行為は、いずれも国際法に違反し、また人道的にも激しく非難されるものであった。この懲罰の問題は別々に取り扱われねばならない。船舶またはそれに相当するものの復元と、犠牲者とその家族への物的補償は絶対的なものであり、議論や交渉の対象にはならない。

12. 戦時法や人道上の罪を犯したとして告発された交戦国の個人は、できるかぎり迅速かつ公平に裁判にかけられる。この裁判の起訴は、平和への本質的な準備だと私は考える。人々の怒りゆえに、実際の裁判として適用するのは非常に困難だろうが、これを私は極めて敬服すべきものと考える。この責任を割り当てることは、並外れて難しいと私は予感している。平時ならば当然罰せられる人々を、戦時下だという理由で当然な処罰をためらうのは理解できる。

私がその解決法として考えるのは、任命を受けた裁判官たちを「第一審裁判所」として機能させることである。彼らは、訴えを起こした証拠について被告人から聞き取りを行い、その訴えが彼らにとって正当かどうかを判断し、最終的な判決をそれぞれの国に委ねる、というものだ。

他の国が処罰するとなれば、厳罰を躊躇して殉教者に祭り上げられないようにするかもしれない。他の国に任せるよりも、自国の犯罪者を自らが処罰するほうが、より厳しい判決になると私は信じている。

13. ベルギーへのドイツによる違法な攻撃の結果、かつてのドイツの植民地は、いかなる場合でもドイツには返還されない。ドイツがベルギーに違法な攻撃を行ったがゆえに、英国の参戦を招いた。植民地を保有すること自体は条約違反ではない。ドイツは、自らの植民地の将来は西部戦線で決まるだろうと宣言した。そして事実、そうなるのである。

ドイツは勝利した場合、ドイツの植民地をどうするかの宣言を行うと言明した。しかし、その植民地の利用は、世界平和のために永遠に阻止されねばならない。もし本当にそうなると、キューバがドイツの手に落ちたらアメリカ合衆国は耐えられないように、ニューギニアをドイツが支配したら、オーストラリアはそれを許さないだろう。

したがって、ドイツに植民地を返還はできないが、所有者、また受託者の責務は、その住民の利益のため、また世界全体の利益のため、どう管理するかという方法とともに、将来決定されねばならない。

これらは交渉の第二段階で受け入れられるべき、議論の余地なき平和の条件である。

私はこの二つの段階を論理的には分かれてはいるが、連続したものとして扱ってきた。実際では、このような合意は同時に行われる可能性がある。いずれにせよ、議論の余地なき条件は、降伏、あるいは休戦合意の中で求められる保障が完全に達成される前に、受諾されるべきものだ。

まず最初の二つの段階の完遂は、同時か連続するかに関わらず、独裁体制の終焉を意味する。それは協力体制になる前の段階であり、過去のドイツとははっきりと一線を画すだろう。戦争犯罪人への厳罰を求める、人間として全く当然な要求を満たすため、厳しい追及が行われるかもしれないが、それは公正な平和を永続させるために必要だと、と私は信じている。そして、段階を踏んだ行動と承認によって、世界中に大きな災いをもたらしてきたドイツの規律と組織の力を、世界のために使えるように願っている。

ノースクリフ卿が描く第三の段階について

Ⅲ

第三の段階は、私見ではあるが、私が列挙した諸原則の詳細を研究し解決するいくつかの委員会を組織して、その委員たちを任命することから始まる。これは最終的に、いくつかは早急に、またいくつかは数カ月、数年後に、中央平和会議に報告を行うだろう。私としては、委員会の方針が事前に明確に決まっていれば、解決すべき問題に最大級の関心を持つ人々から、これら委員会の主要メンバーが選ばれるべきだと考えている。

たとえるならば、主にポーランド人とプロシア人で構成された委員会が、これからのプロシアとポーランドの国境問題に取り組むべきと考えている。これは理想主義者の提案と思われるかもしれないが、この場合の理想主義者とは現実主義者のことだ、と私は主張したい。我々の目標が永続的な平和の構築であるなら、強制力に訴える前に、相互調停のあらゆる機会を作りたいと思う。

これまで、私はドイツの将来の政府について何も言及しなかった。ドイツ人たちが、独裁政権から民主的な政権への転換が行われることを、我々に保証するなら、私はそれを信じたいと思う。それはドイツ自体のためであり、また公正で永続的な平和のためにも必要だと信じている。実際には完全な形態の政府というものは、この世の中には存在しないと思うが、ドイツの持っている特質が、今までの憲法や政府組織と同等か、より優れたものを生み出せるかもしれない。

しかし、ドイツに数多くの懸念を抱いている世界に向けて、ドイツの急速な変化が永遠に続く現実だと納得させるには、まだ多くの時間がかかるだろう。幸いにも、私が説明している現時点では、ドイツが正しい道を歩み始めたという希望以上に、何らかの具体的な達成を求められてはいない状況である。最終段階が進行中の現時点で、ドイツが我々の要望を実現するかどうか、また多くのドイツ国民もそう願っているか、これらの状況を確認する時間はまだまだ残されている。

最終段階とは、この世界の組織を再構築することだ。つまり、敵対する諸国間の力の均衡を保つ古いシステムに代わるべき新しい政策を、自由国家連盟が確立することにほかならないのである。

新しい超国家的な世界機構に合わせるべく、今の国家組織を調整する巨大な変化の実現は、非常に困難で時間を要するものである。幸いにも、それを可能にする欠くべからざる段階とは、実際にこれらを少しずつ具体化する段階のことである。

簡単な例を挙げてみよう。停戦によって、世界は食料不足、輸送力の欠如、原材料の欠乏に見舞われるだろう。戦時中にこれらを統制した社会機構は、戦争後も機能し続けねばならない。食料は配給され、輸送力は調整され、さまざまな原材料は割り当てられねばならない。それは世界的な基準でしか解決できない大問題である。こういう過渡期こそ、我々が強いられた経済的な関係を、自由で広く受け入れられる制度へと変える機会である。

これらの問題と切り離せないのは、戦傷の有無に関係ない復員兵士の問題、年金制度、賃金状況、住宅環境、労働時間や労働条件の問題、児童労働や女性労働の規制などである。公正な分配を行うには、さまざまな国々で、このような面の平等化が必要である。これによって、超国家組織の最も難しい諸問題を解決していく労働者の国際会議が生まれるはずだ。

軍縮問題が起きた場合、自国には大規模な陸海軍が必要と考える人も現れるだろう。中には、懲罰こそ正義だとして、他国の軍備削減を求める国もあるだろう。その結果、生じる交渉で、過大な陸軍や海軍を主張すれば、膨大な経費が国庫にのしかかるだろうし、他国の軍備削減を主張すれば、その国は商業に転用できる莫大な資金を得るだろう。それで国際的な安全保障が確保できるとすれば、どの国が最大の海軍や陸軍を保有するかではなく、どの国が最も軍備を徹底的に縮小するかという競争が起きるかもしれない。

そのような状況下では、国境を定め、議会の責任を持ち、国際法上や国際商取引の基準を定め、信教の自由に関する法律を整え、さらに国家組織として何千もの必要条件を確立しようとする国際委員会が長い期間機能するだろうと、私は予想している。

自由国家連盟の土台を積み上げ、ゆっくりとその機構を作る行動で、我々は戦争の狂乱と恐怖から解放されるだろう。より良い世界を作る道を模索する真剣な努力だけが、我々によりよい状況をもたらすのである。

記事に対する反応と大戦の終結へ

この記事は我々が望んだように、敵側諸国で多くの人々の関心や論議を巻き起こした。多くのドイツの新聞はこの記事を掲載して、ドイツの抵抗を完全なる崩壊へと導く効果的な心理状態をもたらした。まさにこれが敵国におけるプロパガンダにふさわしい最後であった。

このノースクリフ子爵の記事は、英国だけでなく海外でも数多くの論評や解説が生まれ、連合諸国の政治家たちが考えてはいたものの、自ら公の場での発言を躊躇していた平和条件について、有利な世論を醸成していく上で大いに役立った。このように政策委員会の存在は短期間ではあったものの、非常に有益な成果をもたらした。

もし、世界大戦の早い段階で、このような委員会が組織されていたら、英国のプロパガンダ効果は計り知れないものとなっただろう。一九一八年一一月一五日、つまり終戦の四日後、ノースクリフ卿は委員会の各メンバーに次のような書簡を送った。

前回の政策委員会の議事録の写しをお送りしますが、状況の変化により、次の会議を招集する必要はないと考えています。

この委員会は私が議長を務め、我々の連合諸国や中立諸国との、対敵プロパガンダの共同戦線を築くことが急務であった時局の要請から、英国戦時特命機関が結成されたことを思い出していただきたいのです。

初会合の開会の辞で、私は戦争が終焉に近づきつつあり、戦時プロパガンダが平和に向けたプロパガンダに変わっていくだろうと述べました。この転換は、当初の予想よりもはるか急激に進行し、政策委員会は直ちに平和に向けたプロパガンダ政策を立案する任務を引き受けました。政策委員会の活動と彼らの努力が成し遂げた大きな成果を、皆さまはよくご存じのはずです。

しかし、政策に関するすべての課題は、現在、政策委員会の手から諸国間会議に移っており、ましてや英国政府との取り決めによって英国戦時特命機関の役目が終わろうとしている現在、我々のなすべきことは、もう何もありません。

この場を借りて皆様のご協力に感謝するとともに、もし戦争が続いていたならば、この政策委員会はさらに価値ある機関に発展したに違いない、との私の確信をお伝えしたいと思います。

心よりの敬意をこめて

ノースクリフ（署名）

第九章　最後の挨拶

確固たる基盤が築かれ、敵国に浸透していく道筋がさらに広がって、英国戦時特命機関の仕事は絶えず拡大していた。もし戦争が続いたなら、クルーハウスの活動の勢いは他にも多大なる打撃を与え、終戦となった一九一八年一一月であっても、何らかの準備を進めている状態にあっただろう。しかし連合諸国にとっては幸いにも、敵が次々と崩壊していったのである。

一九一八年一一月九日に戦争省から次の手紙を受け取って、一一月一一日に最後の敵であったドイツとの休戦協定が署名された時に、敵国へのプロパガンダ活動の中枢としてのクルーハウスの任務は終わったのである。

英国戦時特命機関　クルーハウス代表へ

拝啓

私は陸軍評議会からの命令を受けて、以下の内容を貴下に伝達する。オーストリア、トルコ、ブルガリアと締結された休戦協定によって、軍事的手段でのこれらの国々に対するプロパガンダの配布中止を決定した。

ドイツとの休戦協定が締結された時点で、この国での軍事的手段によるプロパガンダの配布も、休戦協定が有効な期間、停止することとなる。

さまざまな戦域の司令官に、上記の内容が通達されたことを連絡するものである。

敬具

貴下の忠実なる

B.B.キュビット卿

ドイツとの休戦協定が調印された翌日、ノースクリフ卿は英国首相、ロイド・ジョージ氏に次のような書簡を送った。

親愛なる首相閣下

我々の敵との最終的な休戦協定が調印され、私が過去一年間没頭してきた任務は必然的に終了となりました。休戦協定は対敵プロパガンダ活動の終了を意味します。対敵プロパガンダの責任者である私の辞任を受理していただくようお願い申し上げます。

私をこの仕事に任命するにあたって、閣下が私にお示しくださった信頼に感謝を申し上げたく存じます。極めて有能な委員会と、努力を惜しまぬ専門スタッフの支援を得て、可能な限りの最高の仕事によって、政府と国家に貢献できるよう努めてまいりました。

親愛なる首相閣下へ、ご信頼に感謝申し上げます。

敬具

ノースクリフ

これに応えて、同日英国首相はこのように返書した。

親愛なるノースクリフ

貴下の書簡を受領いたしました。この最近の状況によって、対敵プロパガンダ機関は、必要のないものとなりました。

貴下の辞任受理にあたり、この重要な任務に就いていた間、貴下が連合諸国の大義に寄与した素晴らしい貢献に、私がどれほど感謝の念を抱いているかを伝えたいと思います。貴下の計り知れないほど重要な仕事を成功させた数多くの直接的な証拠を、私は知っております。そしてオーストリアとドイツという強敵を劇的な崩壊に導いたのです。

現在の次長を務めるキャンベル・スチュアート卿が、その活動を終わらせるよう、一九一八年一二月三一日まで、代理として在任することを嬉しく存じます。

心を込めて

D.ロイド・ジョージ

一九一八年も終わりに近づいて、この機関の任務は終了し、プロパガンダ組織としてのクルーハウスは消え去っていった。そして、その建物は、別の政府部門に引き渡された。

しかし一九一八年にこの建物の中で行われた業務とそれに関わった多くの人々によるプロパガンダという政治的な活動によって、クルーハウスは永遠に記憶されている。その名前は、国際政治のある一つの中心となった場所として、英国でも欧州の政治家たちの間でも、よく知られているのである。

後書き

この本について

この本は、Sir Campbell Stuart, K.B.E 著「The Secrets of Crewe House, The Story of Famous Campaign」Hodder and Stoughton, 1921 の全訳です。

内容は、第一次世界大戦末期に大英帝国がドイツ帝国に仕掛けたプロパガンダ戦の詳細な記録で、著者は、この英国戦時特命機関であったクルーハウスの次長を務めたキャンベル・スチュアートという人物。

私たちがこの本に注目したのは、池田徳眞著『プロパガンダ戦史』(中公文庫、二〇一五)からでした。著者の池田徳眞氏は大東亜戦争中に諸外国の短波放送を傍受する仕事を統括し、また米英の捕虜を使った対敵謀略放送を指導した方です。

そのような実務に裏付けられた体験から、世界各国の戦時宣伝の特徴を研究し豊富な実例を取り上げた『プロパガンダ戦史』は極めて優れた本となっています。その中に対敵宣伝の教科書として厳選された三冊があげられ、その一つがこの『クルーハウスの秘密』でした。さらに巻末には作家、佐藤優氏の解説があり、「(この『クルーハウスの秘密』が)あらたに日本語に翻訳されれば、ロングセラーとなり、わがインテリジェンスの水準を底上げすることになると思う」とありました。

これに興味を持った私たちは、まず原書を入手しようと検索。原書はすでにパブリック・ドメインになっており、写真製版でそのまま復刻され、七〜八社から出ていました。

日本では、一九三七（昭和一二）年に神田孝一・著『「思想戦」と宣伝』（橘書店）という本の後半に「宣伝戦篇」として収録され、一九四三年（昭和一八）には飯野紀元・訳『英国の宣伝秘密本部（クルーハウスの秘密）』（内外書房）としても出版されています。

ただし、橘書店版は内容的に重複する部分をかなり省略していますし、内外書房版は第七章、第八章、第九章で訳出していない部分が何カ所かあります。また原書では巻末にプロパガンダ・リーフレットの英訳がありますが、それはどちらの版も翻訳・収録していません。今回の日本語訳はそれらを含めた全訳ということになります。

現在の戦争と直結する第一次世界大戦

この本の舞台は第一次世界大戦です。戦争の形態やテクノロジーは、それ以前のナポレオン時代の戦争とは全く異なり、現在の戦争と直結しています。

第一次世界大戦の特徴は、戦域が世界的な規模で広がったこと、飛行機、潜水艦、戦車、毒ガスなどの新兵器が登場したこと、戦争当事国の経済力・技術力が全面的に動員される総力戦となったこと、通信技術・マスメディアの発達で銃後の一般国民に向けたプロパガンダ戦が初めて行われたこと、などが挙げられます。

飛行機は進化して、ミサイル、無人機、ドローンとなり、潜水艦は戦術核ミサイルを搭載し、戦車は装甲車、兵員輸送車にまで分化し、毒ガスは化学兵器、生物兵器と形を変え、プロパガンダ戦はフェイクニュースやSNSの情報拡散となっています。

プロパガンダ戦について考えると、まず一九九〇～九一年の湾岸戦争で始まった空爆の同時中継から、二〇一四年のクリミア危機でのハイブリッド戦争、二〇一六年に就任したトランプ大統領政権下でのフェイクニュース騒ぎを経て、二〇二二年のロシアのウクライナ侵攻……という大まかな流れが見えてきます。その大本がどこなのかを突き詰めていくと、この『クルーハウスの秘密』にさかのぼるのではないでしょうか。

翻訳作業を続けていた私たちの目の前に、今年の二月末から突然プロパガンダという言葉が頻繁に登場するようになりました。第一次世界大戦から百年以上を過ぎた現在、確かにテクノロジーは恐るべき勢いで進歩、発達してきました。しかし情報にさらされる人間は少しも変わっていないのです。

この本の最初にあるプロパガンダの定義「他人が影響を受けるような形で、事実を述べることをいう」は、その重みをますます増しています。人間の事実を判断する力は果たしてどのように得られるのでしょうか。


この本にはクラウドファンディングによって多くの方々からのご支援をいただきました。

また出版状況の厳しい中、この本の出版を決めていただいた緑風出版の高須次郎様、ますみ様には本当にお世話になりました。皆さまに、心より感謝申し上げます。

松田あぐり、小田切しん平

この本の出版には、クラウドファウンディングによって数多くの方々から多大なご支援をいただきました。私どもの志にご賛同下さった方々のお名前をここに記し、心よりの感謝を申し上げたいと存じます。

寺田喜彦、大河内祐希、久村洋輔、佐藤理人、渡辺勇信、
三枝成彰、茨木義之、美甘義人、西尾榮男、
Laurent LEPEZ

高橋修、岡本和重、稲の花・勉、木原茂、山本雄三、岡田敬造、
杉村向陽、森脇孝、河田喜照、中山克己、村中ゆかり、小澤一貴、
古村卓也、小栗健一、峰村哲也、花田志織、真野純一、
パパジアン裕子、神代泰男、佐藤理加、Nuruko、高橋直也、
松下幸民、tinjao、栗林佳紀、牛田浩史、赤坂潤二、野村豊和、
小堤恒志、ナニワ金融、朝倉典之、Y. Ogasawara、吉川亮、
佐藤真奈美、高島弘、酒瀬川八恵子、小田昭太郎、中根とも子

武山健自、早野諭、松野由孝、岡田真理子、上田佳湖、平尾大輔

[著者略歴]

キャンベル・スチュアート（1885～1972）

1885年、カナダ、モントリオール生まれ。カナダ首相の使節や駐在武官として活動後、英国から派遣されていたノースクリフ卿の秘書を務める。

第一次世界大戦中に、ノースクリフ卿と共にロンドンに移り、対敵プロパガンダ機関、クルーハウスの次長となる。

1920年に復員し、ノースクリフ卿が経営する『ザ・タイムズ』紙の経営陣に入り、翌1921年には『デイリー・メール』紙の編集長となった。そして1960年まで『ザ・タイムズ』紙の取締役であった。

第二次世界大戦の勃発で、彼は再び対敵プロパガンダ機関で活動し、所長を務めた。

クルーハウスの秘密（ひみつ）

第一次世界大戦の英国プロパガンダ戦争の内幕

2022年9月26日　初版第1刷発行　　定価2,600円＋税

著　者　キャンベル・スチュアート©
訳　者　松田あぐり・小田切しん平
発行者　高須次郎
発行所　緑風出版
〒113-0033　東京都文京区本郷2-17-5　ツイン壱岐坂
[電話]03-3812-9420　[FAX]03-3812-7262　[郵便振替]00100-9-30776
[E-mail]info@ryokufu.com　[URL]http://www.ryokufu.com/

装　幀　斎藤あかね　　カバーデザイン　土渕晋
制　作　アイメディア　　印　刷　中央精版印刷・巣鴨美術印刷
製　本　中央精版印刷　　用　紙　中央精版印刷　　E1,200

ISBN978-4-8461-2214-0 C0031